De un Estudiante para Estudiantes

Temarios resueltos de Matemáticas, Lenguaje e Inglés

(Edad: 11-12 años)

por Jacob De Latorre P.

Dedico este libro a Dios, a mis abuelos Raquel, Martha, Fausto, a mi hermana Rubí, a mis tíos y tías, y todos aquellos quienes me acompañan en mi día a día

³² Al que se ponga de mi parte ante los hombres, yo me pondré de su parte ante mi Padre de los Cielos. ³³ Y al que me niegue ante los hombres, yo también lo negaré ante mi Padre que está en los Cielos.

Evangelio según San Mateo, 10:32-33

ÍNDICE

[13]¡Feliz el mortal que encontró la sabiduría, el hombre que obtuvo la inteligencia! [14]El estar provisto de sabiduría vale más que tener dinero en el banco; te da más utilidades que el oro.

Proverbios 3:13-14

AGRADECIMIENTOS

A mis padres, y mi familia por su constante amor, apoyo y motivación.

Este libro, destinado a guiar a los futuros estudiantes en su camino hacia el éxito, es un testimonio de los valores y enseñanzas que me han inculcado.

Con todo mi agradecimiento y cariño.

Atte.,

- Jacob De Latorre Paredes -

INTRODUCCIÓN

El siguiente texto fue realizado debido a lo extenso que resultó el desarrollo de unos temas de examen de ingreso a una institución ecuatoriana (Colegio). Siendo a efecto requisito para la imprenta un minimo de 72 páginas numeradas, decicidimos arriesgarnos y proponer que lo desarrollado se convierta en un libro.

Dada la dedicación con la que se desarrollaron los temas se procedió a compilar toda la información y se obtuvo alrededor de 100 hojas numeradas.

Este texto fue escrito a conciencia y fue supervisado por los padres de Jacob De La Torre, quien lo escribió a los 11 años, siendo sus padres, ambos ecuatorianos y profesionales en ciencias químicas y farmacéuticas.

Editorial
Chevalier Champollion Publishing
PUBLICATIONS AND COMPANY

PubLic.0

A LOS LECTORES DE ESTA OBRA

A aquella persona que haya adquirido este texto le estamos agradecidos, esperando sea de utilidad. Debido a que se trata del primer tratado del joven autor, esperamos con ediciones posteriores corregir cualquier omisión, error o falla que pudiese detectarse.

El lenguaje del texto es claro y conciso y está enfocado a un target o una población de alrededor de 11 a 12 años de edad.

Se ha tratado de que cualquier jerga idiomática así como el sesgo o inexperiencia del autor haya sido superada con el respectivo trabajo editorial.

Atte.,

LA EDITORIAL

Editorial
Chevalier Champollion Publishing
PUBLICATIONS AND COMPANY

Public.0

MATEMÁTICAS

1. Sistema de numeración decimal: Números Astronómicos, Períodos, clases y órdenes.

2. Sistema de numeración Romano.

3. Adición, sustracción, multiplicación y división de números naturales.

4. Propiedades de la adición de números naturales.

5. El Punto, La Recta, La Semirrecta y El Segmento.

6. Sistema Sexagesimal: minutos y segundos.

7. Propiedades de la multiplicación de números naturales.

8. Potenciación de números naturales.

9. Raíz cuadrada y cúbica.

10. Operaciones combinadas de números naturales con y sin signos de agrupación.

11. Calcular Perímetros de figuras planas.

12. Conversiones con unidades de medidas de Longitud, Superficie, Masa, Volumen y de Capacidad.

13. Adición, sustracción, multiplicación y división de números fraccionarios.

14. Cálculos de Áreas de figuras planas: triángulo, rectángulo, cuadrado, rombo, trapecio, polígonos regulares y círculo.

15. Los triángulos por: la medida de sus lados y de sus ángulos.

16. Gráfica de Barras.

17. Medidas de Tendencia: Moda, Mediana y Media.

18. Adición, sustracción, multiplicación y división de números decimales.

19. Resolución de problemas con números naturales, fraccionarios y decimales

LENGUA Y LITERATURA

1. Concepto y tipos de aposiciones.

2. Proceso de comunicación: elementos y características de cada uno.

3. Números ordinales.

4. Verbos transitivos, reflexivos e impersonales.

5. Objeto directo e indirecto.

6. Funciones poéticas del lenguaje, características.

7. El debate: objetivo, características y participantes.

8. Tipos de adverbios.

9. Accidentes verbales: voz, modo, tiempo,

10. Figuras literarias: símil, metáfora y personificación.

11. El retrato: prosopografía, etopeya y topografía.

12. La conferencia: intención comunicativa, participantes y estructura.

13. Preposiciones y locuciones preposicionales.

14. Normas de citación para referencias bibliográficas.

15. La leyenda: concepto y características.

16. Uso correcto de la coma.

17. Rima: concepto, características y clasificación.

18. La biografía: intención comunicativa y estructura.

19. Prefijos y sufijos.

20. Abreviaturas.

INGLÉS

1. Personal pronouns

2. Present simple

3. Past simple

4. Irregular verbs

5. Present progressive

6. Past progressive

7. Wh- questions

8. Modal verbs

Writing section

9. Make a paragraph

Reading section

10.

Listening section:

11. Listening comprenhension

MATEMÁTICAS

DESARROLLO

1. SISTEMA DE NUMERACIÓN DECIMAL: NÚMEROS ASTRONÓMICOS, PERÍODOS, CLASES Y ÓRDENES

La numeración decimal es un sistema de numeración posicional en base 10, lo que significa que utiliza diez símbolos para representar los números: 0, 1, 2, 3, 4, 5, 6, 7, 8 y 9.

Los números astronómicos son aquellos que tienen muchos dígitos. Para facilitar su lectura y escritura, se agrupan en bloques de tres dígitos, comenzando por la derecha. Cada grupo de tres dígitos se llama período, y estos se dividen en clases: unidades, miles y millones. Dentro de cada clase, los dígitos se organizan en órdenes: unidades, decenas y centenas.

Por ejemplo, el número astronómico 123456789 se divide en períodos y clases de la siguiente manera:

Período	Clase	Ordenes
123	Millones	Centenas = 1, Decenas = 2, Unidades = 3
456	Miles	Centenas = 4, Decenas = 5, Unidades = 6
789	Unidades	Centenas = 7, Decenas = 8, Unidades = 9

Por lo tanto, el número se lee como "ciento veintitrés millones cuatrocientos cincuenta y seis mil setecientos ochenta y nueve".

Ejercicios propuestos (ver la respuesta en el solucionario)

1. Divide el número astronómico 987654321 en períodos y clases.

2. Escribe el número que corresponde a la siguiente descripción: "Cuatro millones trescientos veintiún mil ciento doce".

3. ¿Cuántas unidades de millón hay en el número astronómico 765432109?

Ejemplos (tienen la respuesta incluida)

1. El número astronómico 123456 se divide en dos períodos: el período de las unidades es "456" (con 6 en las unidades, 5 en las decenas y 4 en las centenas) y el período de los miles es "123" (con 3 en las unidades de mil, 2 en las decenas de mil y 1 en las centenas de mil). Por lo tanto, se lee como "ciento veintitrés mil cuatrocientos cincuenta y seis".

2. El número que corresponde a la descripción "Un millón doscientas treinta y cuatro mil quinientas sesenta y siete" es 1234567.

3. En el número astronómico 9000000 hay nueve unidades de millón.

SOLUCIONARIO

1. El número astronómico 987654321 se divide en períodos y clases de la siguiente manera:

Período	Clase	Órdenes
987	Millones	Centenas = 9, Decenas = 8, Unidades = 7
654	Miles	Centenas = 6, Decenas = 5, Unidades = 4
321	Unidades	Centenas = 3, Decenas = 2, Unidades = 1

Por lo tanto, el número se lee como "novecientos ochenta y siete millones seiscientos cincuenta y cuatro mil trescientos veintiuno".

2. El número que corresponde a la descripción "Cuatro millones trescientos veintiún mil ciento doce" es 4321112.

3. En el número astronómico 765432109, hay 7 unidades de millón.

2. SISTEMA DE NUMERACIÓN ROMANO

Teoría

El sistema de numeración romano es un sistema que se desarrolló en la antigua Roma y se utilizó en todo el Imperio Romano. Este sistema emplea ciertas letras mayúsculas del alfabeto latino para representar valores específicos:

- I = 1
- V = 5
- X = 10
- L = 50
- C = 100
- D = 500
- M = 1000

Las reglas básicas para escribir números romanos son:

Si un número menor está a la izquierda de un número mayor, se resta. Por ejemplo, IV = 4 (5 - 1 = 4).

Si un número menor está a la derecha de un número mayor, se suma. Por ejemplo, VI = 6 (5 + 1 = 6).

No se pueden usar más de tres símbolos iguales seguidos. Por ejemplo, el número 4 no puede ser representado como IIII, sino como IV.

Ejercicios propuestos

1. Convierte los siguientes números decimales a números romanos: 14, 29, 145, 399.

2. Convierte los siguientes números romanos a números decimales: IX, XLII, LXXXVIII, CDXCV.

SOLUCIONARIO No. 1

1. Los números decimales convertidos a números romanos son:

14 = XIV

29 = XXIX

145 = CXLV

399 = CCCXCIX

2. Los números romanos convertidos a números decimales son:

IX = 9

XLII = 42

LXXXVIII = 88

CDXCV = 495

EJERCICIOS

Convierte los siguientes números naturales a números romanos:

a)   3

b)   7

c)   12

d)   15

e)   19

f)   23

g)   50

h)   99

i)   101

j)   500

Convierte los siguientes números romanos a números naturales:

a)   II

b)   VI

c)   XI

d)   XIV

e)   XVIII

f)   XXII

g)   XLV

h)   LXXXIX

i)   CII

j)   CD

SOLUCIONARIO No. 2

Números naturales a números romanos:

a)   3 se convierte en III

b)   7 se convierte en VII

c)   12 se convierte en XII

d)   15 se convierte en XV

e)   19 se convierte en XIX

f)   23 se convierte en XXIII

g)   50 se convierte en L

h)   99 se convierte en XCIX

i)   101 se convierte en CI

j)   500 se convierte en D

Números romanos a números naturales:

a)   II se convierte en 2

b)   VI se convierte en 6

c)   XI se convierte en 11

d)   XIV se convierte en 14

e)   XVIII se convierte en 18

f)   XXII se convierte en 22

g)   XLV se convierte en 45

h)   LXXXIX se convierte en 89

i)   CII se convierte en 102

j)   CD se convierte en 400

3. OPERACIONES BÁSICAS CON NÚMEROS NATURALES

Los números naturales son aquellos números enteros positivos que se utilizan para contar objetos. Las operaciones básicas con números naturales son la adición, sustracción, multiplicación y división.

- Adición (Suma): La adición combina dos o más números para obtener un total.
- Sustracción (Resta): La sustracción encuentra la diferencia entre dos números.
- Multiplicación: La multiplicación combina grupos iguales de números para encontrar un total.
- División: La división se utiliza para repartir una cantidad en partes iguales.

Ejercicios propuestos

Adición (Suma):

a. 2367 + 4589 =

b. 789 + 1234 + 567 =

c. 6754 + 8923 + 4321 =

d. 12098 + 5432 + 9876 + 6543 =

Sustracción (Resta):

a. 9876 - 3542 =

b. 18273 - 5678 - 4321 =

c. 21543 - 8765 =

d. 32098 - 1234 - 7890 =

Multiplicación:

a. 237 x 68 =

b. 123 x 789 =

c. 5432 x 76 =

d. 234 x 9876 =

División:

a. 12678 ÷ 234 =

b. 456789 ÷ 567 =

c. 987654 ÷ 432 =

d. 7654321 ÷ 7890 =

SOLUCIONARIO No. 1

Adición (Suma):

1. 2367 + 4589 = 6956

2. 789 + 1234 + 567 = 2590

3. 6754 + 8923 + 4321 = 19998

4. 12098 + 5432 + 9876 + 6543 = 33949

Sustracción (Resta):

1. 9876 - 3542 = 6334

2. 18273 - 5678 - 4321 = 8274

3. 21543 - 8765 = 12778

4. 32098 - 1234 - 7890 = 22974

Multiplicación:

1. 237 x 68 = 16116

2. 123 x 789 = 97047

3. 5432 x 76 = 412832

4. 234 x 9876 = 2310984

División:

1. 12678 ÷ 234 = 54,18

2. 456789 ÷ 567 = 805,62

3. 987654 ÷ 432 = 2286,24

4. 7654321 ÷ 7890 = 970,13

4. PROPIEDADES DE LA ADICIÓN DE NÚMEROS NATURALES

Teoría

Las propiedades de la adición de números naturales son reglas que nos ayudan a realizar cálculos y manipulaciones de manera efectiva. A continuación, se presentan algunas de las propiedades más importantes:

1. Propiedad Conmutativa

La propiedad conmutativa de la adición establece que el orden en que se suman los números no afecta el resultado. En otras palabras, para cualquier par de números naturales a y b, a + b es igual a b + a.

Ejemplo:

$4 + 7 = 7 + 4 = 11$

2. Propiedad Asociativa

La propiedad asociativa de la adición establece que la forma en que agrupamos tres o más números en una suma no afecta el resultado. En otras palabras, (a + b) + c es igual a a + (b + c) para cualquier conjunto de números naturales a, b y c.

Ejemplo:

$(2 + 3) + 4 = 2 + (3 + 4) = 9$

3. Propiedad del Elemento Neutro

La propiedad del elemento neutro de la adición dice que existe un número natural llamado "cero" (0) tal que a + 0 es igual a a para cualquier número natural a.

Ejemplo:

$9 + 0 = 9$

4. Propiedad de Clausura

La propiedad de clausura de la adición establece que la suma de dos números naturales siempre es otro número natural. En otras palabras, si a y b son números naturales, entonces a + b es también un número natural.

Ejemplo:

Si a = 15 y b = 8, entonces a + b = 15 + 8 = 23, que es un número natural.

Ejercicios propuestos

a. Demuestra la propiedad conmutativa de la adición utilizando números naturales de tres dígitos.

b. Aplica la propiedad asociativa de la adición para agrupar los números de manera diferente en la siguiente suma: $(127 + 56) + 89$.

c. Encuentra el número natural que actúa como elemento neutro en la adición y demuestra que cumple con la propiedad del elemento neutro.

d. Explica cómo la propiedad de clausura se aplica a la adición de números naturales y proporciona un ejemplo con números de cuatro dígitos.

SOLUCIONARIO No. 1

a. Para demostrar la propiedad conmutativa con números de tres dígitos, elige a = 347 y b = 529.

$$a + b = 347 + 529 = 876$$
$$b + a = 529 + 347 = 876$$

Ambas sumas dan como resultado 876, lo que demuestra la propiedad conmutativa.

b. Aplicando la propiedad asociativa de la adición a la suma dada:

$$(127 + 56) + 89 = 127 + (56 + 89) = 272$$

c. El elemento neutro en la adición es el número natural 0, y esto es válido incluso con números más grandes. Demostremos con a = 932:

$$a + 0 = 932 + 0 = 932$$

El resultado sigue siendo 932, lo que demuestra que 0 actúa como elemento neutro.

d. La propiedad de clausura se aplica a la adición de números naturales sin importar lo grandes que sean. Por ejemplo, si tienes los números naturales 4567 y 1234, su suma es 5801, que también es un número natural. Por lo tanto, la propiedad de clausura se cumple con números naturales de cuatro dígitos.

5. EL PUNTO, LA RECTA, LA SEMIRRECTA Y EL SEGMENTO

Teoría

El Punto.- Un punto es una ubicación en el espacio que no tiene dimensiones, es decir, no tiene longitud, ancho ni grosor. Se representa con una letra mayúscula, como A, B o C.

La Recta.- Una recta es una sucesión infinita de puntos que se extiende indefinidamente en ambas direcciones. Se representa con una letra minúscula, como "l". Puedes nombrar una recta usando dos puntos en ella, como "recta AB" o simplemente "recta l".

La Semirrecta.- Una semirrecta es una parte de una recta que se extiende en una sola dirección desde un punto inicial. Se representa como "semirrecta AB", donde A es el punto inicial y B es cualquier otro punto en la dirección de la recta.

El Segmento.- Un segmento es una parte finita de una recta que tiene dos puntos finales. Se representa como "segmento AB", donde A y B son los puntos finales.

Ejercicios propuestos

a. Dibuja un punto en una hoja de papel y nómbralo como "P".

Dibuja un solo punto en la hoja y etiquétalo con la letra "P".

b. Dibuja una recta horizontal en la misma hoja de papel y nómbrala como "m".

Dibuja una línea horizontal que se extiende indefinidamente en ambas direcciones y etiquétala con la letra "m".

c. Dibuja una semirrecta que comience en el punto P y se extienda hacia la derecha.

Dibuja una línea que comienza en el punto P y se extiende indefinidamente hacia la derecha. Etiquétala como "semirrecta P".

d. Dibuja un segmento que conecte dos puntos que tú elijas en la hoja de papel y nómbralo como "AB".

Dibuja una línea que conecta dos puntos cualesquiera en la hoja y etiquétalos como "A" y "B". Este es el segmento AB.

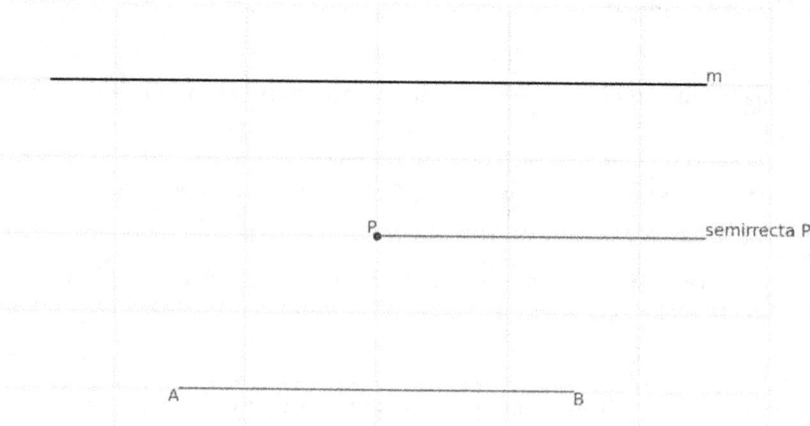
m
P
semirrecta P
A
B

6. SISTEMA SEXAGESIMAL, MINUTOS Y SEGUNDOS

Teoría

En el sistema sexagesimal, se utiliza una base de 60 para medir el tiempo y los ángulos. Dos de las unidades más comunes en este sistema son los minutos y los segundos:

Minuto ('): Un minuto es una unidad de tiempo que equivale a 60 segundos. Se representa con la abreviatura: '.

Segundo ("): Un segundo es una unidad de tiempo más pequeña que el minuto y equivale a 1/60 de un minuto. Se representa con la abreviatura: ".

Para medir ángulos en grados, también se utiliza el sistema sexagesimal, donde un grado se divide en 60 minutos de arco ('), y cada minuto se divide en 60 segundos de arco (").

Ejercicios propuestos:

a. Convierte 90 minutos en segundos.

b. Convierte 45 segundos en minutos.

c. Expresa 2 grados 30 minutos 15 segundos en forma decimal de grados.

d. Expresa 0.75 grados en grados, minutos y segundos.

Solucionario:

a. Para convertir minutos en segundos, multiplicamos por 60 (porque hay 60 segundos en un minuto):

$$90 \text{ minutos} * 60 \text{ segundos/minuto} = 5400 \text{ segundos}$$

Por lo tanto, 90 minutos son equivalentes a 5400 segundos.

b. Para convertir segundos en minutos, dividimos por 60 (porque hay 60 segundos en un minuto):

$$45 \text{ segundos} / 60 \text{ segundos/minuto} = 0.75 \text{ minutos}$$

Por lo tanto, 45 segundos son equivalentes a 0.75 minutos.

c. Para expresar 2 grados 30 minutos 15 segundos en forma decimal de grados, sumamos las fracciones de minutos y segundos a los grados:

2 grados + 30 minutos / 60 minutos/grado + 15 segundos / 3600 segundos/grado = 2.50416667 grados

$$2 \text{ grados} + \frac{30 \text{ minutos}}{60 \text{ minutos/grado}} + \frac{15 \text{ segundos}}{3600 \text{ segundos/grado}}$$
$$2 + 0.5 + 0.00416667 \approx 2.50416667$$

Entonces, 2 grados 30 minutos 15 segundos son aproximadamente 2.508 grados en forma decimal.

d. Para expresar 0.75 grados en grados, minutos y segundos, primero debemos convertir la parte decimal en minutos y segundos:

$$0.75 \text{ grados} * 60 \text{ minutos/grado} = 45 \text{ minutos}$$

Por lo tanto, 0.75 grados son equivalentes a 45 minutos. Como no hay segundos en este caso, la respuesta es 0 grados 45 minutos 0 segundos.

7. PROPIEDADES DE LA MULTIPLICACIÓN.

Propiedad conmutativa:

Cambiar el orden de los factores no altera el producto.

Ejemplo:

$4 \times 3 = 3 \times 4 = 12$

Propiedad asociativa

La forma en la que agrupamos los factores en una multiplicación no altera el producto.

Ejemplo:

$$2 \times (3 \times 2) = (2 \times 3) \times 2$$
$$2 \times 6 = 6 \times 2$$
$$12 = 12$$

Propiedad distributiva

La propiedad distributiva nos afirma que la multiplicación de un número por una suma es igual a la suma de las multiplicaciones de dicho número por cada uno de los sumandos.

Ejemplo:

$$67 \times 980 = 65,660$$
$$67 \times (990 - 10)$$
$$67 \times 990 - 67 \times 10$$
$$66,330 - 670$$
$$= 65,660$$

Elemento neutro:

Cualquier número multiplicado por 1 es igual a ese número.

Ejemplo:

$9 \times 1 = 9$

Ejercicios:

a.- Haz un ejemplo de la propiedad distributiva con respecto a la suma:

Supongamos que tenemos

$5 \times (7 + 2)$

Desarrollo:

$5 * (9) = 45$

Según la propiedad distributiva:

$$5 \times (7 + 2) = 5 \times 7 + 5 \times 2$$
$$= 35 + 10$$
$$= 45$$

b.- Comprueba que la propiedad "elemento neutro" se puede hacer con números mayores a 3 dígitos:

Supongamos que tenemos

$$1234 \times 1 = 1234$$

c.- Haz un ejemplo de la propiedad asociativa:

Supongamos que tenemos

$4 \times (5 \times 3)$

Según la propiedad asociativa:

$$4 \times (5 \times 3) = (4 \times 5) \times 3$$
$$4 \times 15 = 20 \times 3$$
$$60 = 60$$

8. POTENCIACIÓN DE NÚMEROS NATURALES

Teoría

Potenciación de números naturales

La potenciación es una operación matemática que consiste en multiplicar varias veces un número por sí mismo. La potenciación tiene dos partes: la base y el exponente. La base es el número que se va a multiplicar, y el exponente indica el número de veces que la base se multiplica por sí misma.

$$a^n = \underbrace{a \times a \times \cdots \times a}_{n \text{ veces}}$$

Donde

a es la base.

n es el exponente.

a) 3^4

Base: 3

Exponente: 4

Cálculo:

$3 \times 3 \times 3 \times 3 = 81$

$3 \times 3 \times 3 \times 3 = 81$

b) 5^3

Base: 5

Exponente: 3

Cálculo:

$5 \times 5 \times 5 = 125$

c) 2^5

Base: 2

Exponente: 5

Cálculo:

$2 \times 2 \times 2 \times 2 \times 2 = 32$

La potenciación nos permite expresar de manera compacta la multiplicación repetida de un mismo número.

9. RAÍZ CUADRADA Y CÚBICA

- La raíz cuadrada de un número es el valor que, al multiplicarse por sí mismo, da como resultado ese número. Se denota con el símbolo: $\sqrt{}$

- La raíz cúbica de un número es el valor que, al multiplicarse por sí mismo tres veces, da como resultado ese número. Se denota con el símbolo: $\sqrt[3]{}$

Ejemplo:

Raíz cuadrada: $\sqrt{16} = 4$, porque $4 \times 4 = 16$.

Raíz cúbica: $\sqrt[3]{27} = 3$, porque $3 \times 3 \times 3 = 27$.

Ejercicio propuesto

- Encuentra la raíz cuadrada de 81.
- Encuentra la raíz cúbica de 64.

SOLUCIONARIO No. 1

La raíz cuadrada de 81 es $\sqrt{81} = 9$, porque $9 \times 9 = 81$.

La raíz cúbica de 64 es $\sqrt[3]{64} = 4$, porque $4 \times 4 \times 4 = 64$.

10. OPERACIONES COMBINADAS DE NÚMEROS NATURALES CON Y SIN SIGNOS DE AGRUPACIÓN

Teoría

Las operaciones combinadas implican realizar varias operaciones aritméticas (suma, resta, multiplicación y división) en una sola expresión. Cuando se utilizan signos de agrupación (paréntesis, corchetes, llaves), se debe resolver primero lo que está dentro de los signos de agrupación antes de proceder con las demás operaciones. El orden de las operaciones sigue la regla PEMDAS/BODMAS: Paréntesis/Brackets, Exponentes/Orders, Multiplicación y División (de izquierda a derecha), y Suma y Resta (de izquierda a derecha).

Ejemplo:

Resuelve

$2+3 \times (4+5)$:

Primero, resuelve dentro del paréntesis:

$4+5=9$.

Luego, realiza la multiplicación:

$3 \times 9=27$.

Finalmente, realiza la suma:

$2+27=29$.

Ejercicio propuesto

Resuelve

$6+2 \times (8-3) \div 5$

SOLUCIONARIO No. 1

Primero, resuelve dentro del paréntesis:

$8-3=5$.

Luego, realiza la multiplicación:

$2 \times 5 = 10$

Luego, realiza la división:

$10 \div 5 = 2$

Finalmente, realiza la suma:

$6+2=8$.

La respuesta es

8

$$6+2 * (8-3) \div 5 = 8$$

11. CALCULAR PERÍMETROS DE FIGURAS PLANAS

El perímetro de una figura plana es la suma de las longitudes de todos sus lados. Es una medida de la distancia alrededor de la figura. Las fórmulas para calcular el perímetro varían según el tipo de figura.

Cuadrado: El perímetro es cuatro veces la longitud de uno de sus lados.

$$P = 4 \times L$$

Rectángulo: El perímetro es dos veces la suma de la longitud y la anchura.

$$P = 2 \times (L+A)$$

Triángulo: El perímetro es la suma de las longitudes de sus tres lados.

$$P = L1 + L2 + L3$$

Círculo (circunferencia): El perímetro es el producto del diámetro y π (pi), o dos veces el radio por π.

$$P = 2 * \pi * r \text{ o } P = \pi * d$$

Ejemplo:

Calcular el perímetro de un rectángulo con longitud 10 unidades y anchura 5 unidades.

$$P = 2 \times (10 + 5) = 2 \times 15 = 30 \text{ unidades}$$

Ejercicio propuesto con solución:

- Calcular el perímetro de un triángulo con lados de 6 unidades, 8 unidades y 10 unidades.

$$P = 6 + 8 + 10 = 24 \text{ unidades}$$

12. CONVERSIONES CON UNIDADES DE MEDIDA

Teoría

Las conversiones de unidades son necesarias para expresar una medida en diferentes sistemas o escalas. A continuación, se presentan las conversiones básicas para longitud, superficie, masa, volumen y capacidad.

- Longitud

Las unidades comunes de longitud incluyen milímetros (mm), centímetros (cm), metros (m) y kilómetros (km).

1 km = 1000 m

1 m = 100 cm

1 cm = 10 mm

- Superficie

Las unidades comunes de superficie incluyen milímetros cuadrados (mm^2), centímetros cuadrados (cm^2), metros cuadrados (m^2) y hectáreas (ha).

1 ha = 10,000 m^2

1 m^2 = 10,000 cm^2

1 cm^2 = 100 mm^2

- Masa

Las unidades comunes de masa incluyen miligramos (mg), gramos (g), kilogramos (kg) y toneladas (t).

$1 \text{ t} = 1000 \text{ kg}$

$1 \text{ kg} = 1000 \text{ g}$

$1 \text{ g} = 1000 \text{ mg}$

- Volumen

Las unidades comunes de volumen incluyen mililitros (ml), centímetros cúbicos (cm^3), litros (L) y metros cúbicos (m^3).

$1 \text{ m}^3 = 1000 \text{ L}$

$1 \text{ L} = 1000 \text{ ml}$

$1 \text{ ml} = 1 \text{ cm}^3$

- Capacidad

Las unidades comunes de capacidad incluyen mililitros (ml), centilitros (cl), decilitros (dl), y litros (L).

$1 \text{ L} = 10 \text{ dl}$

$1 \text{ dl} = 10 \text{ cl}$

$1 \text{ cl} = 10 \text{ ml}$

Ejemplo

Convierte 5 kilómetros a metros.

$$5\,\mathrm{km} = 5 \times 1000\,\mathrm{m} = 5000\,\mathrm{m}$$

Ejercicio propuesto

Convierte 2500 gramos a kilogramos.

SOLUCIONARIO No. 1

- Convierte 2500 gramos a kilogramos.

$$2500\,\mathrm{g} = \frac{2500}{1000}\,\mathrm{kg} = 2.5\,\mathrm{kg}$$

Conversiones de Longitud

$$1\ km = 1000\ m$$
$$1\ m = 100\ cm$$
$$1\ cm = 10\ mm$$

Conversiones de Superficie

$$1\ ha = 10{,}000\ m^2$$
$$1\ m^2 = 10{,}000\ cm^2$$
$$1\ cm^2 = 100\ mm^2$$

Conversiones de Masa

$$1\ t = 1000\ kg$$
$$1\ kg = 1000\ g$$
$$1\ g = 1000\ mg$$

Conversiones de Volumen

$$1\ m^3 = 1000\ L$$
$$1\ L = 1000\ ml$$
$$1\ ml = 1\ cm^3$$

Conversiones de Capacidad

$$1\ L = 10\ dl$$
$$1\ dl = 10\ cl$$
$$1\ cl = 10\ ml$$

13. ADICIÓN, SUSTRACCIÓN, MULTIPLICACIÓN Y DIVISIÓN DE NÚMEROS FRACCIONARIOS

Teoría

Las operaciones básicas con números fraccionarios incluyen adición, sustracción, multiplicación y división. Cada operación tiene su propio conjunto de reglas.

Adición de Fracciones

Para sumar fracciones, es necesario que tengan un denominador común. Si no lo tienen, hay que encontrar el mínimo común denominador (MCD) y luego ajustar los numeradores en consecuencia.

$$\frac{a}{b} + \frac{c}{d} = \frac{a \times d + b \times c}{b \times d}$$

Sustracción de Fracciones

Para restar fracciones, se sigue el mismo proceso que para la adición: encontrar un denominador común y ajustar los numeradores.

$$\frac{a}{b} - \frac{c}{d} = \frac{a \times d - b \times c}{b \times d}$$

Multiplicación de Fracciones

Para multiplicar fracciones, simplemente se multiplican los numeradores entre sí y los denominadores entre sí.

$$\frac{a}{b} \times \frac{c}{d} = \frac{a \times c}{b \times d}$$

División de Fracciones

Para dividir fracciones, se multiplica la primera fracción por el recíproco (inverso) de la segunda fracción.

$$\frac{a}{b} \div \frac{c}{d} = \frac{a}{b} \times \frac{d}{c} = \frac{a \times d}{b \times c}$$

Ejemplos:

Adición:

$$\frac{2}{3} + \frac{1}{4} = \frac{2 \times 4 + 3 \times 1}{3 \times 4} = \frac{8 + 3}{12} = \frac{11}{12}$$

Sustracción:

$$\frac{3}{5} - \frac{1}{2} = \frac{3 \times 2 - 5 \times 1}{5 \times 2} = \frac{6 - 5}{10} = \frac{1}{10}$$

Multiplicación:

$$\frac{3}{4} \times \frac{2}{5} = \frac{3 \times 2}{4 \times 5} = \frac{6}{20} = \frac{3}{10}$$

División:

$$\frac{3}{4} \div \frac{2}{5} = \frac{3}{4} \times \frac{5}{2} = \frac{3 \times 5}{4 \times 2} = \frac{15}{8}$$

Ejercicio propuesto

Suma las fracciones $\frac{5}{6}$ y $\frac{2}{3}$.

SOLUCIONARIO No. 1

Suma las fracciones $\frac{5}{6}$ y $\frac{2}{3}$.

$$\frac{5}{6} + \frac{2}{3} = \frac{5 \times 3 + 6 \times 2}{6 \times 3} = \frac{15 + 12}{18} = \frac{27}{18} = \frac{3}{2}$$

14. CÁLCULOS DE ÁREAS DE FIGURAS PLANAS: TRIÁNGULO, RECTÁNGULO, CUADRADO, ROMBO, TRAPECIO, POLÍGONOS REGULARES Y CÍRCULO.

a) Teoría

Triángulo

¿Qué es un triángulo? Un triángulo es una figura con tres lados.

¿Cómo se calcula el área? El área de un triángulo es la cantidad de espacio que ocupa dentro de sus límites.

Fórmula: Para calcular el área, multiplicamos la longitud de la base por la altura y luego dividimos por 2.

Fórmula simple:

$$A = \frac{1}{2} \times \text{base} \times \text{altura}$$

¿Por qué? Imagínate que doblamos (duplicamos) el triángulo y lo convertimos en un rectángulo. El triángulo ocupa la mitad del rectángulo, por eso dividimos por 2.

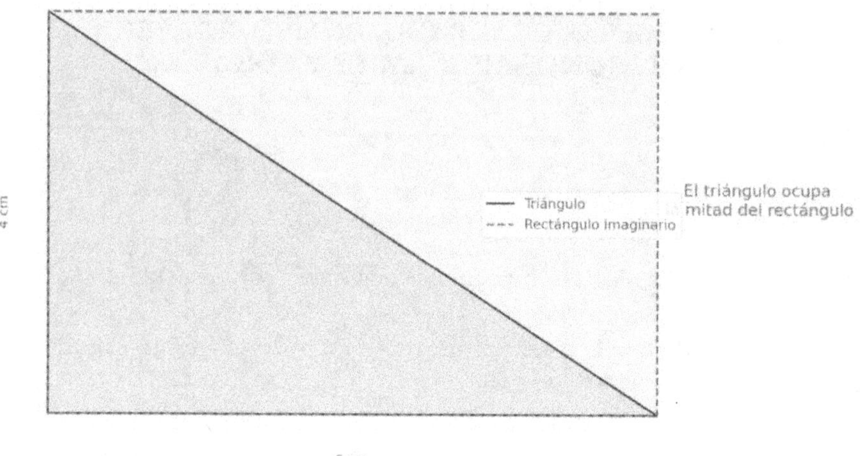

Explicación Visual

Triángulo Original: Está en la parte inferior tiene una base de 6 cm y una altura de 4 cm.

Rectángulo Imaginario: Si duplicamos el triángulo y lo giramos, podemos formar un rectángulo. Este rectángulo tendría la misma base y altura que el triángulo.

Área del Triángulo: Dado que el triángulo es exactamente la mitad de este rectángulo, su área es la mitad del área del rectángulo.

Rectángulo

¿Qué es un rectángulo? Un rectángulo es una figura con cuatro lados y sus ángulos son todos de 90 grados.

¿Cómo se calcula el área? Multiplicamos la longitud de la base por la altura.

Fórmula simple:

$$A = \text{base} \times \text{altura}$$

¿Por qué? Porque estamos contando cuántas cuadrículas caben en el rectángulo.

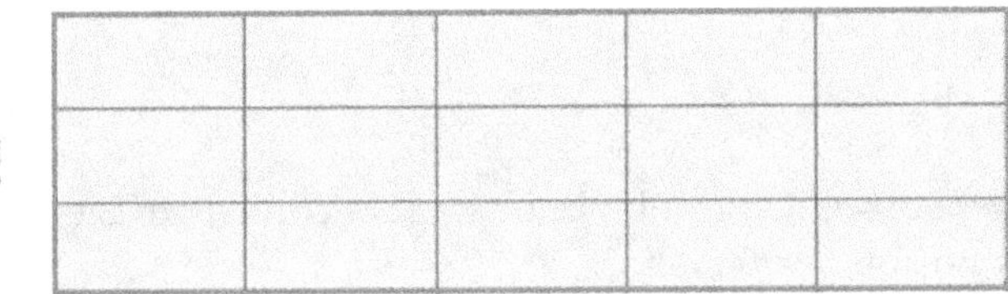

Explicación Visual

<u>Rectángulo Original:</u> Está representado con la línea gruesa y tiene una base de 5 <u>cm y una altura de 3 cm.</u>

<u>Cuadraditos dentro del Rectángulo:</u> Dentro del rectángulo, hemos dibujado cuadrículas que representan unidades de 1 cm². Cada cuadrícula mide 1 cm por 1 cm.

Concepto

Para calcular el área de un rectángulo, multiplicamos la base por la altura porque estamos contando cuántos de estas cuadrículas caben dentro del rectángulo.

En este caso, hay 15 cuadrículas (5 columnas y 3 filas), lo que nos da un área total de 15 cm².

Esta imagen ayuda a visualizar cómo el área de un rectángulo se calcula contando las unidades de cuadrículas dentro de él.

Cuadrado

¿Qué es un cuadrado? Un cuadrado es un rectángulo especial donde todos los lados son iguales.

¿Cómo se calcula el área? Elevamos al cuadrado la longitud de uno de sus lados.

Fórmula simple:

$$A = \text{lado}^2$$

¿Por qué? Porque estamos multiplicando el lado por sí mismo para ver cuántos cuadraditos caben.

Rombo

¿Qué es un rombo? Un rombo es una figura con cuatro lados iguales, pero sus ángulos no son de 90 grados.

¿Cómo se calcula el área? Multiplicamos las longitudes de las dos diagonales y luego dividimos por 2.

Fórmula simple:

$$A = \frac{1}{2} \times \text{diagonal}_1 \times \text{diagonal}_2$$

¿Por qué? Porque las diagonales dividen el rombo en cuatro triángulos iguales, y estamos sumando las áreas de esos triángulos.

Trapecio

¿Qué es un trapecio? Un trapecio es una figura con cuatro lados, donde al menos dos de ellos son paralelos.

¿Cómo se calcula el área? Sumamos las longitudes de las dos bases (los lados paralelos), multiplicamos por la altura y dividimos por 2.

Fórmula simple:

$$A = \frac{1}{2} \times (\text{base}_1 + \text{base}_2) \times \text{altura}$$

Polígonos Regulares

¿Qué es un polígono regular? Un polígono regular es una figura con muchos lados iguales y todos sus ángulos también son iguales.

¿Cómo se calcula el área? Multiplicamos el perímetro (suma de todos los lados) por la apotema (la distancia del centro al medio de un lado) y dividimos por 2.

Fórmula simple:

$$A = \frac{1}{2} \times \text{perímetro} \times \text{apotema}$$

Círculo

¿Qué es un círculo? Un círculo es una figura redonda donde todos los puntos en el borde están a la misma distancia del centro.

¿Cómo se calcula el área? Multiplicamos el número pi (aproximadamente 3.14) por el cuadrado del radio (la distancia del centro al borde).

Fórmula simple:

$$A = \pi \times r^2$$

De un Estudiante para Estudiantes:

Temarios resueltos de Matemáticas, Lenguaje e Inglés

(Edad: 11-12 años)

Teniendo en cuenta esta gráfica:

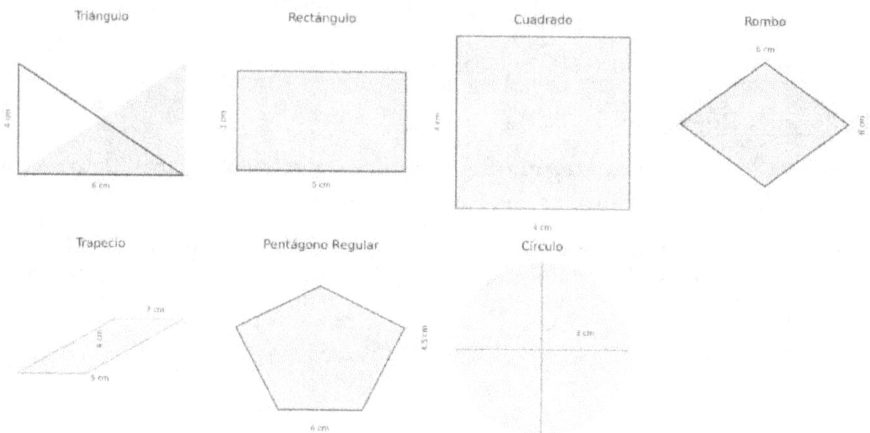

1. Triángulo:

$$A = \frac{1}{2} \times 6\,\text{cm} \times 4\,\text{cm} = 12\,\text{cm}^2$$

2. Rectángulo:

$$A = 5\,\text{cm} \times 3\,\text{cm} = 15\,\text{cm}^2$$

3. Cuadrado:

$$A = 4\,\text{cm} \times 4\,\text{cm} = 16\,\text{cm}^2$$

4. Rombo:

$$A = \frac{1}{2} \times 8\,\text{cm} \times 6\,\text{cm} = 24\,\text{cm}^2$$

5. Trapecio:

$$A = \frac{1}{2} \times (5\,\text{cm} + 7\,\text{cm}) \times 4\,\text{cm} = 24\,\text{cm}^2$$

6. Pentágono Regular:

$$\text{Perímetro} = 5 \times 6\,\text{cm} = 30\,\text{cm}$$

$$A = \frac{1}{2} \times 30\,\text{cm} \times 4.5\,\text{cm} = 67.5\,\text{cm}^2$$

7. Círculo:

$$A = \pi \times 3\,\text{cm}^2 \approx 28.27\,\text{cm}^2$$

Valores para el ejercicio de arriba

<u>Ejercicio: Calcula el área de las siguientes figuras geométricas</u>

Un triángulo con base de 6 cm y altura de 4 cm.

Un rectángulo con base de 5 cm y altura de 3 cm.

Un cuadrado con lado de 4 cm.

Un rombo con diagonales de 8 cm y 6 cm.

Un trapecio con bases de 5 cm y 7 cm, y altura de 4 cm.

Un pentágono regular con lado de 6 cm y apotema de 4.5 cm.

Un círculo con radio de 3 cm.

15. LOS TRIÁNGULOS POR: LA MEDIDA DE SUS LADOS Y DE SUS ÁNGULOS

Los triángulos son figuras geométricas con tres lados y tres ángulos. Se pueden clasificar de dos maneras: por la medida de sus lados y por la medida de sus ángulos.

Clasificación por la medida de sus lados

Triángulo equilátero: Tiene los tres lados iguales.

Triángulo isósceles: Tiene dos lados iguales y uno diferente.

Triángulo escaleno: Todos sus lados son diferentes.

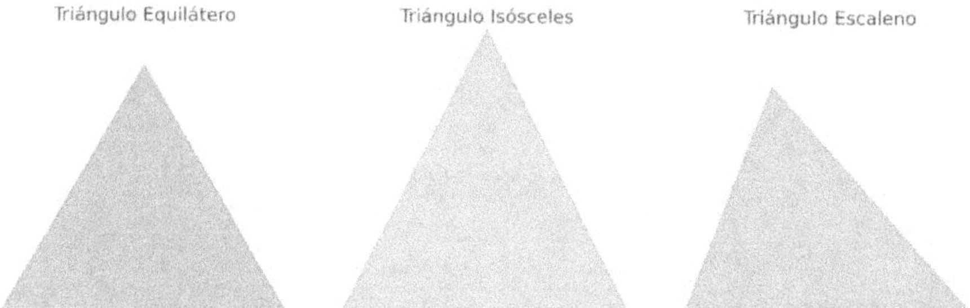

Clasificación por la medida de sus ángulos

Triángulo acutángulo: Todos sus ángulos son menores de 90 grados.

Triángulo rectángulo: Tiene un ángulo de 90 grados.

Triángulo obtusángulo: Tiene un ángulo mayor de 90 grados.

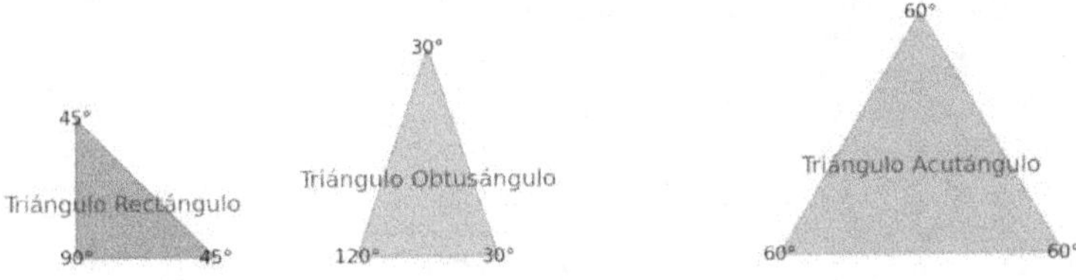

De un Estudiante para Estudiantes:

Temarios resueltos de Matemáticas, Lenguaje e Inglés

(Edad: 11-12 años)

16. GRÁFICA DE BARRAS

Teoría

Una gráfica de barras tiene barras rectangulares con longitudes proporcionales a los valores que representan.

Ejemplo

Haz una gráfica de barras de los siguientes datos:

Color	Frecuencia
Rosa	7
Amarillo	11
Azul	5
Morado	15
Verde	2

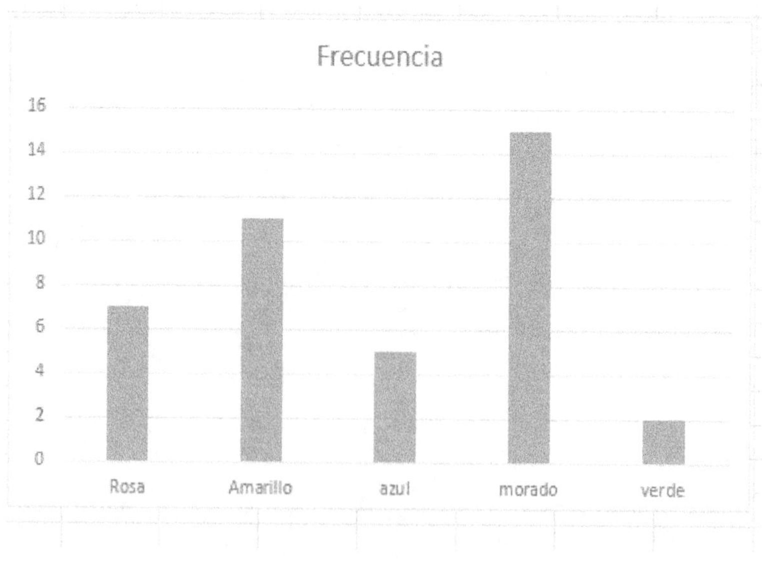

17. LA MODA, LA MEDIANA Y LA MEDIA:

Teoria

La media es la media aritmética de un conjunto de valores numéricos.

La mediana es el valor medio de un conjunto de datos cuando los valores se ordenan de forma ascendente o descendente.

La moda representa el valor o categoría más común dentro del conjunto de datos. Es el número más frecuente, es decir, el número que se repite el mayor número de veces.

Ejercicios aparte

a.-Saca la moda de estos números (8,2,2,2,4,6,4,9), (5,5,2,5,4,9,7)

b.- Busca la media de los siguientes números: (4,7,8,5,2,4,6),

(3,4,6,9,5,6).

c.- Busca la mediana del siguiente numero: (2,3,5,6,7,7,8)

Solucionario 1

a. Moda

1. Para los números $(8, 2, 2, 2, 4, 6, 4, 9)$:

   - Contamos la frecuencia de cada número:

     - 8: 1 vez
     - 2: 3 veces
     - 4: 2 veces
     - 6: 1 vez
     - 9: 1 vez

   - La moda es 2 porque es el número que se repite más veces (3 veces).

2. Para los números $(5, 5, 2, 5, 4, 9, 7)$:

   - Contamos la frecuencia de cada número:

     - 5: 3 veces
     - 2: 1 vez
     - 4: 1 vez
     - 9: 1 vez
     - 7: 1 vez

   - La moda es 5 porque es el número que se repite más veces (3 veces).

b. Media

1. Para los números $(4, 7, 8, 5, 2, 4, 6)$:

   - Sumamos todos los números: $4 + 7 + 8 + 5 + 2 + 4 + 6 - 36$

   - Dividimos la suma entre la cantidad de números: $\frac{36}{7} - 5.14$ (aproximadamente)

2. Para los números $(3, 4, 6, 9, 5, 6)$:

   - Sumamos todos los números: $3 + 4 + 6 + 9 + 5 + 6 - 33$

   - Dividimos la suma entre la cantidad de números: $\frac{33}{6} - 5.5$

c. Mediana

1. Para los números $(2, 3, 5, 6, 7, 7, 8)$:

   - Los números ya están ordenados de forma ascendente.

   - La mediana es el valor medio, que en este caso es el cuarto número (de un total de 7 números): 6

18. ADICIÓN Y SUSTRACCIÓN DE NÚMEROS DECIMALES

Para sumar o restar números decimales, sigue estos pasos:

- Alinea los decimales: Escribe los números uno debajo del otro, asegurándote de que los puntos decimales estén alineados.

- Añade ceros si es necesario: Si uno de los números tiene menos cifras decimales que el otro, añade ceros a la derecha del número con menos cifras decimales para que tengan la misma cantidad de cifras decimales.

- Suma o resta como de costumbre: Comienza desde la derecha y mueve hacia la izquierda, sumando o restando cada columna de dígitos.

- Multiplicación de Números Decimales

Para multiplicar números decimales, sigue estos pasos:

- Ignora los puntos decimales: Multiplica los números como si fueran números enteros.

- Cuenta los decimales: Cuenta el total de cifras decimales en ambos números originales.

- Coloca el punto decimal: En el resultado del producto, coloca el punto decimal de modo que el número tenga tantas cifras decimales como el total contado en el paso 2.

División de Números Decimales

Para dividir números decimales, sigue estos pasos:

- Hacer el divisor un número entero: Mueve el punto decimal en el divisor (el número por el cual estás dividiendo) hacia la derecha hasta que sea un número entero.
- Mover el punto decimal en el dividendo: Mueve el punto decimal en el dividendo (el número que estás dividiendo) hacia la derecha el mismo número de lugares que moviste el punto en el divisor.

- Dividir como de costumbre: Realiza la división como si estuvieras trabajando con números enteros.

- Colocar el punto decimal en el cociente: El punto decimal en el cociente (el resultado) se coloca directamente arriba del punto decimal en el dividendo.

Ejemplo

Suma

Ejercicio: Suma 7.85 y 3.2.

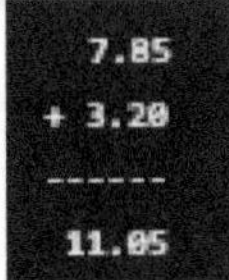

Sustracción

Ejercicio: Resta 6.03 de 9.5.

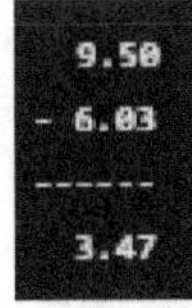

Multiplicación

Ejercicio: Multiplica 3.4 por 2.5.

Multiplica como si fueran enteros:

$34 \times 25 = 850$

Cuenta los decimales: 2 (uno en cada número original).

Coloca el punto decimal: 8.50.

Resultado: 8.50

División

Ejercicio: Divide 7.68 entre 1.6.

Hacemos el divisor un número entero: $1.6 \rightarrow 16$ (mover el punto decimal una posición a la derecha).

Mover el punto decimal en el dividendo: $7.68 \rightarrow 76.8$.

Dividir como enteros:

$76.8 \div 16 = 4.8$.

Resultado: 4.8

19. RESOLUCIÓN DE PROBLEMAS CON NÚMEROS NATURALES, FRACCIONARIOS Y DECIMALES

Números Naturales

Los números naturales son los números enteros no negativos: 0, 1, 2, 3, 4, etc. Se usan comúnmente para contar y ordenar.

Números Fraccionarios

Las fracciones representan una parte de un todo y se escriben en la forma $\frac{a}{b}$, donde a es el numerador y b es el denominador. Para resolver problemas con fracciones:

1. Suma y resta: Encuentra un denominador común antes de sumar o restar.

2. Multiplicación: Multiplica los numeradores y los denominadores.

3. División: Multiplica por el recíproco de la fracción divisor.

Números Decimales

Los números decimales representan fracciones con denominadores de 10, 100, 1000, etc. Para resolver problemas con decimales:

1. Suma y resta: Alinea los puntos decimales antes de sumar o restar.

2. Multiplicación: Multiplica como si fueran enteros y ajusta el punto decimal en el resultado.

3. División: Ajusta los puntos decimales para que el divisor sea un número entero y procede con la división.

Ejemplo

Problema con Números Naturales

Problema: Juan tiene 8 manzanas y compra 5 más. ¿Cuántas manzanas tiene en total?

Solución: $8 + 5 = 13$. Juan tiene 13 manzanas.

Problema con Números Fraccionarios

Problema: María tiene $\frac{3}{4}$ de una pizza y compra otra $\frac{1}{2}$ de una pizza. ¿Cuánta pizza tiene en total?

Solución:

1. Encuentra un denominador común: $\frac{3}{4} + \frac{1}{2} = \frac{3}{4} + \frac{2}{4}$.
2. Suma los numeradores: $\frac{3+2}{4} = \frac{5}{4}$.
   María tiene $\frac{5}{4}$ o 1.25 pizzas.

Problema con Números Decimales

Problema: Pablo tiene \$12.75 y gasta \$4.30. ¿Cuánto dinero le queda?

Solución:

1. Alinea los puntos decimales y resta:

$$\begin{array}{r} 12.75 \\ -4.30 \\ \hline 8.45 \end{array}$$

Pablo tiene \$8.45.

Ejercicio Propuesto

Problema con Números Naturales

Ejercicio: Ana tiene 15 libros y regala 6. ¿Cuántos libros le quedan?

Problema con Números Fraccionarios

Ejercicio: Luis tiene $\frac{5}{8}$ de un pastel y recibe $\frac{1}{4}$ más. ¿Cuánto pastel tiene en total?

Problema con Números Decimales

Ejercicio: Carla tiene $23.50 y gasta $9.75 en una camiseta. ¿Cuánto dinero le queda?

Resuelve estos ejercicios y revisa tus respuestas!

LENGUA Y LITERATURA

1. CONCEPTO Y TIPOS DE APOSICIONES.

Las aposiciones son adjetivos adicionales que nos ayudan a entender mejor de qué estamos hablando.

Ejemplo, si digo: "Mi amiga Julia"

En esa oración corta indico que Julia es mi amiga, pero si la oración fuese la siguiente:

"Mi amiga Julia, la más bondadosa de la ciudad"

En este caso la adición de "…la más bondadosa" sería la aposición o el adjetivo que nos ayuda a entender mejor de lo que estamos hablando.

Aposición: Una aposición es una parte de una oración que se usa para agregar más información sobre un sustantivo (nombre) en esa oración.

Tipos de aposiciones:

a) Aposición explicativa: Ofrece información adicional que no es esencial para entender la oración principal.

Ejemplo: Mi amigo, un gran cocinero, preparó la cena.

b) Aposición especificativa: Proporciona información necesaria para identificar al sustantivo al que se refiere.

Ejemplo: Mi amigo Juan preparó la cena.

c) Aposición apelativa: Se utiliza para dirigirse o llamar la atención sobre la persona o cosa a la que se refiere.

Ejemplo: María, la mejor amiga que tengo, me invitó a su fiesta.

Ejemplos de las aposiciones:

- Aposición explicativa:

Ejemplo adicional: El río Amazonas, uno de los más largos del mundo, fluye a través de América del Sur.

- Aposición especificativa:

Ejemplo adicional: Mi tía Julia, la maestra de arte, enseñará la clase de arte.

- Aposición apelativa:

Ejemplo adicional: Juan, mi mejor amigo desde la infancia, me ayudó a construir un fuerte en el patio trasero.

Ejercicios propuestos

- Ejercicios de Aposición Explicativa:

- Lee la siguiente oración: "Mi hermano, un apasionado músico, toca la guitarra en una banda de rock." ¿Cuál es la aposición en esta oración y qué información proporciona?

- Escribe una oración que incluya una aposición explicativa para describir a tu mascota.

- Ejercicios de Aposición Especificativa:

- Completa la oración: "El coche rojo _______ es mío." Agrega una aposición especificativa para identificar cuál de los coches rojos es tuyo.

- Escribe una oración sobre un amigo tuyo y usa una aposición especificativa para indicar su ocupación o pasatiempo.

- Ejercicios de Aposición Apelativa:

- Imagina que le estás hablando a un amigo sobre tu hermana. Escribe una oración que incluya una aposición apelativa para expresar cuán importante es ella para ti.

- Escribe una oración en la que te dirijas directamente a tu mascota utilizando una aposición apelativa para expresar tu cariño.

SOLUCIONARIO No. 1

- Ejercicios de Aposición Explicativa:

Respuesta: La aposición en esta oración es "un apasionado músico", y proporciona información adicional sobre "mi hermano" al describir su pasatiempo.

(Respuesta abierta, variará según la respuesta del estudiante)

- Ejercicios de Aposición Especificativa:

Respuesta: Puedes completar la oración de la siguiente manera: "El coche rojo de deportes es mío." La aposición "de deportes" identifica el coche en particular.

(Respuesta abierta, variará según la respuesta del estudiante)

- Ejercicios de Aposición Apelativa:

(Respuesta abierta, variará según la respuesta del estudiante) Por ejemplo:

"Mi hermana, mi mejor amiga, siempre está allí para apoyarme."

(Respuesta abierta, variará según la respuesta del estudiante) Por ejemplo: "¡Max, mi fiel compañero, ven aquí!"

2. PROCESO DE COMUNICACIÓN: ELEMENTOS Y CARACTERÍSTICAS DE CADA UNO.

Teoría: El proceso comunicativo implica la emisión de señales (sonidos, gestos, señas…) con la intención de dar a conocer un mensaje.

Ejemplo con personas

¿Cuánto cuesta el kilo de naranja?

Vendedor: Cada kilo a un dolar

Ok, Me da 2 kilos por favor.

- Elementos de la Comunicación:

Emisor (quién habla): En este caso, el emisor es la persona que hace la primera pregunta, que quiere saber cuánto cuesta el kilo de naranja.

Receptor (quién escucha): El receptor es el vendedor, que escucha la pregunta del cliente y responde.

Mensaje (información transmitida): El mensaje es la pregunta del cliente ("¿Cuánto cuesta el kilo de naranja?") y la respuesta del vendedor ("Cada kilo a un dólar" y "Ok, me da 2 kilos por favor").

Canal (medio de comunicación): En este caso, el canal es la conversación verbal, ya que la comunicación se realiza a través del habla.

- Características de Cada Elemento:

Emisor: La persona que hace la pregunta inicial, que quiere comprar naranjas.

Receptor: El vendedor, que escucha la pregunta y responde.

Mensaje: La pregunta del cliente y la respuesta del vendedor sobre el precio y la cantidad.

Canal: La comunicación se realiza mediante el habla, ya que ambas partes están hablando en persona.

Más ejemplos:

Ejemplo 1: Pidiendo ayuda en la escuela.

Emisor: Tú, que necesitas ayuda con tus deberes.

Receptor: Tu amigo, que te escucha y quiere ayudarte.

Mensaje: "¿Puedes explicarme cómo se resuelve este problema de matemáticas?"

Canal: La conversación se realiza en persona, en la escuela.

Ejemplo 2: Hablando por teléfono con tu abuela.

Emisor: Tú, que llamas a tu abuela.

Receptor: Tu abuela, que está al otro lado del teléfono.

Mensaje: "¡Hola abuela! ¿Cómo estás?"

Canal: La comunicación se realiza por teléfono, a través del sonido.

Ejemplo 3: Comprando un helado en una heladería.

Emisor: Tú, que quieres comprar un helado.

Receptor: El vendedor de la heladería, que toma tu pedido.

Mensaje: "Me gustaría un helado de fresa, por favor."

Canal: La comunicación se realiza en persona, a través de la conversación en la heladería.

Ejercicios propuestos

Ejercicio 1: Identificar los Elementos de la Comunicación.

Lee las siguientes situaciones y señala quién es el emisor, el receptor, el mensaje y el canal de comunicación.

Tienes una conversación telefónica con tu mejor amigo sobre tus planes para el fin de semana.

Lees un cuento a tu hermano pequeño antes de dormir.

Envías un mensaje de texto a tu mamá para decirle que llegaste a casa de la escuela de manera segura.

Ejercicio 2: Completar el Diálogo.

Completa el siguiente diálogo agregando lo que el emisor podría decir:

Emisor: ¡Hola! ¿Cómo estás?

Receptor: ________________________

Emisor: ¿Qué hiciste hoy?

Receptor: ________________________

Emisor: ¿Quieres jugar al fútbol después de la escuela?

Receptor: ____________________

Ejercicio 3: Inventa una Conversación.

Imagina una conversación entre un explorador y un extraterrestre. Crea un diálogo de al menos tres intercambios en el que el explorador se comunique con el extraterrestre. Incluye quién es el emisor, el receptor, el mensaje y el canal de comunicación.

SOLUCIONARIO No. 1

Ejercicio 1: Identificar los Elementos de la Comunicación.

•   Tienes una conversación telefónica con tu mejor amigo sobre tus planes para el fin de semana.

Emisor: Tú (el niño).

Receptor: Tu mejor amigo.

Mensaje: Planes para el fin de semana.

Canal: Conversación telefónica.

•   Lees un cuento a tu hermano pequeño antes de dormir.

Emisor: Tú (el niño).

Receptor: Tu hermano pequeño.

Mensaje: Cuento que lees.

Canal: Lectura en voz alta.

•   Envías un mensaje de texto a tu mamá para decirle que llegaste a casa de la escuela de manera segura.

Emisor: Tú (el niño).

Receptor: Tu mamá.

Mensaje: Informar que llegaste a casa de la escuela.

Canal: Mensaje de texto.

Ejercicio 2: Completar el Diálogo.

Emisor: ¡Hola! ¿Cómo estás?

Receptor: ¡Hola! Estoy bien, gracias.

Emisor: ¿Qué hiciste hoy?

Receptor: Jugué al fútbol en la escuela.

Emisor: ¿Quieres jugar al fútbol después de la escuela?

Receptor: ¡Claro, me encantaría!

Ejercicio 3: Inventa una Conversación.

Esta es una actividad creativa, por lo que las respuestas pueden variar según la imaginación del niño. Aquí tienes un ejemplo:

Emisor (explorador): ¡Hola! ¿Eres de otro planeta?

Receptor (extraterrestre): ¡Sí, vengo de Marte!

Emisor (explorador): Wow, Marte es genial. ¿Cómo llegaste a la Tierra?

Receptor (extraterrestre): Viajamos en una nave espacial.

Emisor (explorador): ¡Increíble! ¿Tienes tecnología avanzada en Marte?

Receptor (extraterrestre): Sí, tenemos muchas cosas sorprendentes.

Estos son solo ejemplos, y los diálogos pueden variar según la creatividad del niño.

3. NÚMEROS ORDINALES

Teoría

Los números ordinales indican la posición u orden que ocupa un elemento en un conjunto.

Ejemplos:

Aquí estan los números ordinales más comunes.

Ejercicios aparte

1.- Nombra todos los números ordinales del 51 al 100

a) 51 = Quincuagésimo primero

b) 52 = Quincuagésimo segundo

c) 53 = Quincuagésimo tercero

d) 54 = Quincuagésimo cuarto

e) 55 = Quincuagésimo quinto

f) 56 = Quincuagésimo sexto

g) 57 = Quincuagésimo séptimo

h) 58 = Quincuagésimo octavo

i) 59 = Quincuagésimo noveno

j) 60 = Sexagésimo

k) 61 = Sexagésimo primero

l) 62 = Sexagésimo segundo

m) 63 = Sexagésimo tercero

n) 64 = Sexagésimo cuarto

o) 65 = Sexagésimo quinto

p) 66 = Sexagésimo sexto

q) 67 = Sexagésimo séptimo

r) 68 = Sexagésimo octavo

s) 69 = Sexagésimo noveno

t) 70 = Septuagésimo

u) 71 = Septuagésimo primero

v) 72 = Septuagésimo segundo

w) 73 = Septuagésimo tercero

x) 74 = Septuagésimo cuarto

y) 75 = Septuagésimo quinto

z) 76 = Septuagésimo sexto

aa) 77 = Septuagésimo séptimo

bb) 78 = Septuagésimo octavo

cc) 79 = Septuagésimo noveno

dd) 80 = Octogésimo

ee) 81 = Octogésimo primero

ff) 82 = Octogésimo segundo

gg) 83 = Octogésimo tercero

hh) 84 = Octogésimo cuarto

ii) 85 = Octogésimo quinto

jj) 86 = Octogésimo sexto

kk) 87 = Octogésimo séptimo

ll) 88 = Octogésimo octavo

mm) 89 = Octogésimo noveno

nn) 90 = Nonagésimo

oo) 91 = Nonagésimo primero

pp) 92 = Nonagésimo segundo

qq) 93 = Nonagésimo tercero

rr) 94 = Nonagésimo cuarto

ss) 95 = Nonagésimo quinto

tt) 96 = Nonagésimo sexto

uu) 97 = Nonagésimo séptimo

vv) 98 = Nonagésimo octavo

ww) 99 = Nonagésimo noveno

xx) 100 = Centésimo

4. VERBOS TRANSITIVOS, REFLEXIVOS E IMPERSONALES

Verbos Transitivos:

Los verbos transitivos son como los "verbos de acción". Se llaman así porque necesitan un objeto para completar la acción. Imagina que estás haciendo algo a alguien o algo.

Ejemplo: "Laura come una manzana." En esta oración, "come" es un verbo transitivo, y "una manzana" es lo que está comiendo Laura, el objeto de la acción.

Verbos Reflexivos:

Los verbos reflexivos son cuando alguien hace una acción a sí mismo. Puedes pensar en ellos como "hacer algo a ti mismo".

Ejemplo: "Juan se lava las manos." Aquí, "se lava" es un verbo reflexivo porque Juan está haciendo la acción de lavar a sí mismo.

Verbos Impersonales:

Los verbos impersonales son un poco diferentes. No se refieren a una persona o cosa específica que hace la acción. Son como acciones generales que les suceden a las personas en general.

Ejemplo: "Llueve." En esta oración, "llueve" es un verbo impersonal. No menciona quién o qué está lloviendo, solo dice que está ocurriendo la lluvia.

- Ejemplos

Verbos Transitivos:

Ella come una manzana. (La acción del verbo "come" se realiza sobre "una manzana.")

Pedro lee un libro. (La acción del verbo "lee" se realiza sobre "un libro.")

Martina pinta un cuadro. (La acción del verbo "pinta" se realiza sobre "un cuadro.")

Verbos Reflexivos:

Carlos se peina el pelo. (La acción del verbo "peina" se realiza por Carlos en su propio pelo.)

Ana se lava las manos. (La acción del verbo "lava" se realiza por Ana en sus propias manos.)

Pablo se cepilla los dientes. (La acción del verbo "cepilla" se realiza por Pablo en sus propios dientes.)

Verbos Impersonales:

Llueve. (La acción de la lluvia ocurre sin mencionar quién la provoca o experimenta, es una acción general.)

Hace frío. (Indica una condición general de frío sin mencionar a una persona en particular).

Es necesario estudiar para el examen. (El verbo "es" en esta oración es impersonal ya que no se refiere a una persona específica realizando la acción, sino que indica una necesidad general).

- Ejercicios propuestos

Verbos Transitivos:

Completa las siguientes oraciones con un verbo transitivo apropiado:

Marta ________ una canción en el concurso.

Luis ________ su bicicleta en el parque.

Los niños ________ sus deberes después de la escuela.

Verbos Reflexivos:

Completa las siguientes oraciones con un verbo reflexivo apropiado:

Juan ________ los dientes antes de acostarse.

María ________ el pelo en la peluquería.

Nosotros ________ las manos antes de comer.

Verbos Impersonales:

Completa las siguientes oraciones con un verbo impersonal:

___________ frío en el invierno.

___________ en esta ciudad durante todo el año.

___________ en la escuela hoy.

Escribe una oración sobre una condición meteorológica o una situación general utilizando un verbo impersonal. Por ejemplo: "_________ viento en la playa."

"_________ mucho tráfico en la hora pico."

SOLUCIONARIO No. 1

- **Verbos Transitivos:**

Marta canta una canción en el concurso.

Luis monta su bicicleta en el parque.

Los niños hacen sus deberes después de la escuela.

- **Verbos Reflexivos:**

Juan se cepilla los dientes antes de acostarse.

María se corta el pelo en la peluquería.

Nosotros nos lavamos las manos antes de comer.

- **Verbos Impersonales:**

Hace frío en el invierno.

Llueve en esta ciudad durante todo el año.

Es importante estudiar en la escuela hoy.

Oraciones sobre una condición general:

Escribe una oración sobre una condición meteorológica o una situación general utilizando un verbo impersonal. Por ejemplo: "________ viento en la playa."

"________ mucho tráfico en la hora pico."

Hace sol en la playa.

Hace mucho tráfico en la hora pico.

5. OBJETO DIRECTO E INDIRECTO

El objeto directo e indirecto son partes importantes de una oración que nos ayudan a entender quién hace la acción, a quién se hace la acción y qué se está haciendo.

- Objeto Directo: Es la persona o cosa que recibe directamente la acción del verbo. Responde a la pregunta "¿Qué?" o "¿A quién?".

- Objeto Indirecto: Es la persona o cosa a la que se beneficia o se perjudica con la acción del verbo. Responde a la pregunta "¿A quién?" o "¿Para quién?".

Ejemplos de Objeto Directo

1. Juan **come una manzana**. (El objeto directo es "una manzana" porque es lo que Juan está comiendo).

2. María **leyó el libro**. (El objeto directo es "el libro" porque es lo que María leyó).

3. Carlos **compró un regalo para su hermana**. (El objeto directo es "un regalo" porque es lo que Carlos compró).

Ejemplos de Objeto Indirecto

1. Ana **dio un regalo a su amiga**. (El objeto indirecto es "su amiga" porque es a quien se le dio el regalo).

2. Pablo **prestó su bicicleta a Luis**. (El objeto indirecto es "Luis" porque es a quien se prestó la bicicleta).

3. Marta **contó un secreto a su hermano**. (El objeto indirecto es "su hermano" porque es a quien se le contó el secreto).

De un Estudiante para Estudiantes:

Temarios resueltos de Matemáticas, Lenguaje e Inglés

(Edad 11-12 años)

Ejercicios Propuestos

1. Identifica el objeto directo y el objeto indirecto en las siguientes oraciones:

   a) Lucas envió una carta a su abuela.

   b) María compró un regalo para su mejor amiga.

   c) El profesor explicó la lección a los estudiantes.

2. Escribe una oración con un objeto directo y una oración con un objeto indirecto. Luego, cambia los objetos en las oraciones para practicar.

3. Completa las siguientes oraciones con un objeto directo o indirecto adecuado:

   a) Sofía entregó _______ a su hermano.

   b) Juan ayudó ______ con la tarea.

   c) Elena regaló ______ a su amiga.

Solución a parte de los ejercicios

1. Identificación de objetos:

   a) Objeto directo: una carta. Objeto indirecto: su abuela.

   b) Objeto directo: un regalo. Objeto indirecto: su mejor amiga.

   c) Objeto directo: la lección. Objeto indirecto: los estudiantes.

3. Completar las oraciones:

   a) Sofía entregó el libro a su hermano.

   b) Juan ayudó a su hermano con la tarea.

   c) Elena regaló flores a su amiga.

6. FUNCIONES POÉTICAS DEL LENGUAJE, CARACTERÍSTICAS

Las funciones poéticas del lenguaje se refieren a la forma en que las palabras y las expresiones se utilizan en la poesía para transmitir emociones, sensaciones y crear imágenes vívidas en la mente del lector. Estas funciones se centran en la belleza y la estética del lenguaje, más que en la comunicación directa de información. Aquí hay algunas características de las funciones poéticas:

- **Uso de la imaginación**: La poesía utiliza palabras y metáforas creativas para estimular la imaginación y la creatividad del lector.

- **Énfasis en la emoción**: Se enfoca en transmitir emociones profundas, a menudo a través de metáforas y simbolismo.

- **Juego con el sonido**: Los poetas a menudo exploran la musicalidad del lenguaje, utilizando ritmo, rima y aliteración para crear efectos sonoros.

- **Uso de la metáfora y la analogía**: Las metáforas y analogías se utilizan para comparar cosas de manera inusual y sugerente.

- **Ambigüedad y simbolismo**: La poesía a menudo es ambigua, lo que permite diferentes interpretaciones y reflexiones.

Ejemplos de Funciones Poéticas

1. "Sus ojos eran estrellas brillantes en el cielo de la noche." (Uso de metáfora para describir los ojos de alguien como estrellas).

2. "El viento susurraba secretos en las hojas del bosque." (Personificación del viento y las hojas).

3. "La luna, lámpara de la noche, ilumina nuestros sueños." (Uso de metáfora y simbolismo para representar la luna como una lámpara).

Ejercicios Propuestos

1. Lee el siguiente poema y destaca las metáforas y las comparaciones poéticas que encuentres. Luego, discute cómo estas metáforas afectan la forma en que comprendes el poema y cómo te hacen sentir.

"El sol se esconde detrás de las montañas,

como un niño tímido que se esconde detrás de su madre.

Las nubes son como algodón en el cielo,

suaves y esponjosas, como almohadas celestiales."

2. Escribe tu propia poesía breve (al menos cuatro versos) utilizando metáforas para describir un objeto o una emoción.

3. Escoge una emoción (como el amor, la tristeza, la alegría) y escribe una serie de palabras o frases que creas que son poéticas y evocan esa emoción. Luego, úsalas para crear un poema sobre esa emoción.

Solución a parte de los ejercicios

1. En el poema, las metáforas incluyen "el sol se esconde detrás de las montañas" y "las nubes son como algodón en el cielo". Estas metáforas hacen que la descripción del sol y las nubes sea más vívida y emotiva. Por ejemplo, la metáfora del sol como un "niño tímido" evoca una imagen de timidez y delicadeza.

2. (Respuesta abierta, variará según la creatividad del estudiante)

3. (Respuesta abierta, variará según la elección de la emoción por parte del estudiante)

7. EL DEBATE: OBJETIVO, CARACTERÍSTICAS Y PARTICIPANTES.

Objetivo del Debate

El debate es una forma de discusión estructurada en la que dos o más personas discuten un tema desde diferentes puntos de vista. El objetivo principal del debate es presentar argumentos sólidos para convencer a otros de tu opinión o persuadir a la audiencia sobre un tema en particular.

Características del Debate

1. **Estructura**: El debate tiene una estructura organizada con turnos para cada participante, incluyendo declaraciones iniciales, réplicas y conclusiones.

2. **Argumentos**: Los participantes presentan argumentos razonados y pruebas para respaldar su punto de vista.

3. **Moderador**: Un moderador dirige el debate y asegura que se sigan las reglas.

4. **Escucha activa**: Es importante escuchar a los otros participantes y responder a sus argumentos de manera respetuosa.

5. **Preguntas y respuestas**: A veces, se permiten preguntas y respuestas entre los participantes.

Participantes del Debate

1. **Equipo a favor**: Los miembros de este equipo defienden el punto de vista o la posición en debate.

2. **Equipo en contra**: Los miembros de este equipo argumentan en contra del punto de vista en debate.

3. **Moderador**: El moderador es imparcial y asegura que se sigan las reglas del debate.

Ejemplos

Objetivo:

Imagina que el objetivo de un debate es convencer a la escuela de que se deben permitir las excursiones escolares a museos.

Características:

- Cada equipo presenta argumentos a favor o en contra de las excursiones a museos.

- El debate sigue una estructura con turnos de presentación, réplica y conclusión.

- Los participantes escuchan activamente y responden a los argumentos del otro equipo.

Participantes:

- El equipo a favor argumenta que las excursiones a museos son educativas y enriquecedoras.

- El equipo en contra argumenta que las excursiones a museos pueden ser costosas y difíciles de organizar.

- El moderador garantiza un debate justo.

Ejercicios Propuestos

1. Investiga un tema que te interese y es relevante para tu edad, como si debería aumentarse el tiempo de recreo en la escuela. Luego, practica un debate con un amigo o familiar, uno defendiendo la idea y otro oponiéndose.

2. Escribe un discurso breve (alrededor de 2 minutos) sobre un tema que te importa. Luego, prepárate para presentarlo ante un grupo pequeño.

3. Observa un debate en línea o en la televisión y toma notas de los argumentos presentados por ambos lados. ¿Quién te convenció más?

Solución a parte de los ejercicios propuestos

1. (Respuesta abierta) Practicar el debate sobre un tema de interés ayudará a comprender mejor cómo funciona y a desarrollar habilidades de argumentación.

2. (Respuesta abierta) Este ejercicio te permitirá desarrollar tus habilidades de presentación y argumentación.

3. (Respuesta abierta) Observar un debate y tomar notas es una excelente manera de aprender a escuchar argumentos y evaluar su persuasión.

8. TIPOS DE ADVERBIOS

Los adverbios son palabras que nos dicen más acerca de cómo, cuándo, dónde o con qué frecuencia ocurre una acción en una oración. Hay varios tipos de adverbios que se utilizan para dar información adicional sobre el verbo en la oración. Aquí están algunos tipos comunes de adverbios:

1. **Adverbios de Manera**: Estos adverbios responden a la pregunta "¿Cómo?" y describen la forma en que se realiza una acción.

Ejemplos:

- María canta **hermosamente**.

- Miguel dibuja **rápidamente**.

- Ana come su pastel **con entusiasmo**.

2. **Adverbios de Lugar**: Responden a la pregunta "¿Dónde?" y muestran el lugar de la acción.

Ejemplos:

- El gato está **abajo** de la mesa.

- El parque está **cerca** de mi casa.

- Los pájaros volaron **arriba** en el cielo.

3. **Adverbios de Tiempo**: Responden a la pregunta "¿Cuándo?" y muestran el momento en que ocurre la acción.

Ejemplos:

- Mañana iremos al zoológico.

- Ayer jugamos al fútbol.

- Después, haremos la tarea.

Ejercicios Propuestos:

1. Lee las siguientes oraciones y subraya el adverbio. Luego, identifica a qué pregunta responde el adverbio (manera, lugar o tiempo).

   a) Laura baila graciosamente.

   b) Los niños juegan afuera.

   c) Los pájaros cantan temprano por la mañana.

2. Escribe tres oraciones usando adverbios de manera para describir cómo alguien realiza una acción.

3. Completa las siguientes oraciones con adverbios de lugar:

   a) El libro está ______________ de la mesa.

   b) Mi mochila está ______________ del armario.

   c) Los zapatos están ______________ de la puerta.

Solución a parte de los ejercicios propuestos:

1.

   a) Laura baila **graciosamente**. (Responde a la pregunta "¿Cómo?")

   b) Los niños juegan **afuera**. (Responde a la pregunta "¿Dónde?")

   c) Los pájaros cantan **temprano** por la mañana. (Responde a la pregunta "¿Cuándo?")

3.

   a) El libro está **debajo** de la mesa.

   b) Mi mochila está **dentro** del armario.

   c) Los zapatos están **cerca** de la puerta.

9. ACCIDENTES VERBALES: VOZ, MODO Y TIEMPO

Los accidentes verbales son características que pueden cambiar en un verbo para expresar diferentes circunstancias y significados en una oración. Hay tres accidentes verbales importantes: voz, modo y tiempo.

1. **Voz**: La voz del verbo indica quién realiza la acción y quién la recibe. Hay dos voces principales:

   - **Voz Activa**: El sujeto realiza la acción. Ejemplo: "Juan **comió** la pizza."

   - **Voz Pasiva**: El sujeto recibe la acción. Ejemplo: "La pizza **fue comida** por Juan."

2. **Modo**: El modo del verbo muestra cómo se realiza la acción. Los modos más comunes son:

   - **Modo Indicativo**: Se usa para expresar hechos o realidades. Ejemplo: "María **estudia** para su examen."

   - **Modo Imperativo**: Se utiliza para dar órdenes o hacer solicitudes. Ejemplo: "**Limpia** tu habitación, por favor."

   - **Modo Subjuntivo**: Se usa para expresar deseos, dudas o situaciones hipotéticas. Ejemplo: "Espero que él **venga** a la fiesta."

3. **Tiempo**: El tiempo del verbo indica cuándo ocurre la acción. Algunos tiempos verbales comunes son:

   - **Presente**: La acción está ocurriendo en el momento presente. Ejemplo: "Ella **canta** una canción."

   - **Pasado**: La acción ocurrió en el pasado. Ejemplo: "Ellos **viajaron** a París el verano pasado."

   - **Futuro**: La acción ocurrirá en el futuro. Ejemplo: "Mañana, nosotros **iremos** al cine."

Ejemplos

1. **Voz**:

   - Voz activa: "El chef **prepara** una deliciosa comida."

   - Voz pasiva: "Una deliciosa comida **es preparada** por el chef."

2. **Modo**:

   - Modo indicativo: "Hoy **estudiaré** para mi examen."

   - Modo imperativo: "**Haz** tu tarea antes de cenar."

   - Modo subjuntivo: "Espero que tú **vengas** a mi fiesta."

3. **Tiempo**:

   - Presente: "María **baila** en la fiesta."

   - Pasado: "Ayer, nosotros **visitamos** el zoológico."

   - Futuro: "El próximo verano, **viajaré** a la playa."

Ejercicios Propuestos

1. Identifica la voz (activa o pasiva) de los siguientes verbos en las oraciones:

   a) La carta fue escrita por María.

   b) Juan come una manzana.

   c) El libro es leído por Marta.

2. Cambia los verbos en las siguientes oraciones de modo indicativo a modo imperativo:

   a) Estudia para el examen.

   b) Come tus verduras.

   c) Llama a tu amigo.

3. Completa las siguientes oraciones con los tiempos verbales adecuados (presente, pasado o futuro):

a) Mañana, nosotros _____________ al parque.

b) Ellos ____________ una película anoche.

c) En este momento, ella ____________ música.

Solución a parte de los ejercicios propuestos

1. Identifica la voz (activa o pasiva) de los siguientes verbos en las oraciones:

a) La carta fue escrita por María.

b) Juan come una manzana.

c) El libro es leído por Marta.

a) Voz pasiva.

b) Voz activa.

c) Voz pasiva.

2. Cambia los verbos en las siguientes oraciones de modo indicativo a modo imperativo:

a) Estudia para el examen.

b) Come tus verduras.

c) Llama a tu amigo.

a) ¡Estudia para el examen!

b) ¡Come tus verduras!

c) ¡Llama a tu amigo!

3. Completa las siguientes oraciones con los tiempos verbales adecuados (presente, pasado o futuro):

a) Mañana, nosotros ___________ al parque.

b) Ellos ___________ una película anoche.

c) En este momento, ella ___________ música.

a) Mañana, nosotros **iremos** al parque.

b) Ellos **vieron** una película anoche.

c) En este momento, ella **escucha** música.

10. FIGURAS LITERARIAS: SÍMIL, METÁFORA Y PERSONIFICACIÓN

Las figuras literarias son herramientas que los escritores utilizan para hacer que sus escritos sean más interesantes y creativos. Aquí hay tres figuras literarias populares: símil, metáfora y personificación.

1. **Símil**: Un símil es una comparación directa entre dos cosas diferentes utilizando la palabra "como" o "parecido a". Ayuda a crear imágenes vívidas y a hacer que las palabras sean más expresivas.

Ejemplos:

- Sus ojos brillaban **como estrellas** en el cielo.

- La noche era **fría como el hielo**.

- Corría **rápido como un rayo**.

2. **Metáfora**: Una metáfora es una comparación en la que una cosa es descrita como si fuera otra, a menudo sin usar "como" o "parecido a". Ayuda a transmitir una idea o imagen de manera más impactante.

Ejemplos:

- El mundo es un **escenario** y todos somos **actores**.

- Su sonrisa era un **rayo de sol** en un día nublado.

- El tiempo es **dinero**.

3. **Personificación**: La personificación es cuando se atribuyen características humanas a objetos inanimados, animales u otras cosas que no son humanas. Esto hace que los objetos cobren vida y sean más fáciles de relacionar.

Ejemplos:

- El viento **susurraba** secretos en mi oído.

- El sol **sonreía** en el cielo.

- Las estrellas **parpadeaban** como linternas en la noche.

Ejercicios Propuestos

1. Lee las siguientes oraciones y determina si contienen un símil, una metáfora o una personificación.

a) El río cantaba suavemente mientras fluía.

b) Sus ojos eran como dos luceros en la noche.

c) La luna miraba desde lo alto del cielo.

2. Escribe una metáfora o un símil para describir tu estado de ánimo hoy.

3. Completa las siguientes oraciones utilizando personificación:

a) El viento __________ a través de los árboles.

b) El coche _____________ como si estuviera contento de funcionar.

c) Las flores _____________ al sol.

Solución a parte de los ejercicios propuestos

1.

a) Personificación (el río no puede cantar).

b) Símil (usa "como" para comparar los ojos con luceros).

c) Personificación (la luna no puede mirar ni tener emociones).

3.

a) El viento **susurraba** a través de los árboles.

b) El coche **sonreía** como si estuviera contento de funcionar.

c) Las flores **saludaban** al sol.

11. EL RETRATO: PROSOPOGRAFÍA, ETOPEYA Y TOPOGRAFÍA

El retrato es una técnica literaria que se utiliza para describir detalladamente a una persona, un lugar o un objeto en un texto. La prosopografía, etopeya y topografía son tres tipos de retrato que se utilizan para dar una imagen vívida y detallada de lo que se está describiendo.

1. **Prosopografía**: La prosopografía se utiliza para describir detalladamente la apariencia física de una persona, un lugar o un objeto. Esto incluye detalles como el color, la forma, el tamaño y otros rasgos físicos.

Ejemplos:

- El bosque era oscuro y misterioso, con árboles altos y retorcidos.

- María tenía ojos brillantes, cabello largo y rubio, y una sonrisa radiante.

- El libro era grande, con una portada de cuero negro y páginas amarillas y desgastadas.

2. **Etopeya**: La etopeya se utiliza para describir los rasgos de carácter, la personalidad y el comportamiento de una persona. Ayuda a los lectores a comprender mejor cómo es alguien en el interior.

Ejemplos:

- Juan era un chico amable y generoso, siempre dispuesto a ayudar a los demás.

- María era valiente y nunca tenía miedo de enfrentar nuevos desafíos.

- El perro era leal y siempre estaba allí para consolar a su dueño cuando estaba triste.

3. **Topografía**: La topografía se utiliza para describir un lugar o entorno en detalle, centrándose en sus características físicas y geográficas.

Ejemplos:

- El pueblo estaba situado en el valle, rodeado de montañas altas y cubierto de exuberantes campos verdes.

- El parque era un lugar tranquilo con árboles frondosos, bancos de piedra y un lago sereno.

- El desierto era un vasto y árido paisaje de arena interminable bajo el sol abrasador.

Ejercicios Propuestos

1. Lee las siguientes oraciones y determina si contienen una prosopografía, etopeya o topografía.

a) El jardín estaba lleno de flores de colores brillantes.

b) La niña era amable y siempre ayudaba a los demás.

c) El castillo se alzaba majestuoso en la cima de la colina.

2. Elige un objeto o lugar que te guste y escribe una prosopografía, etopeya y topografía para describirlo en detalle.

3. Completa las siguientes oraciones utilizando prosopografía, etopeya o topografía:

a) La montaña era alta y cubierta de _______________.

b) El anciano era sabio y siempre tenía _______________ consejos.

c) El parque era un lugar hermoso con árboles altos y un

_______________.

Solución a parte de los ejercicios propuestos

1.

a) Prosopografía (describe las características físicas del jardín).

b) Etopeya (describe el carácter amable de la niña).

c) Topografía (describe el entorno físico del castillo).

3.

a) La montaña era alta y cubierta de **nieve** (topografía).

b) El anciano era sabio y siempre tenía **sabios** consejos (etopeya).

c) El parque era un lugar hermoso con árboles altos y un **lago sereno** (topografía).

12. LA CONFERENCIA: INTENCIÓN COMUNICATIVA, PARTICIPANTES Y ESTRUCTURA

Intención Comunicativa:

Una conferencia es una presentación oral realizada por un experto o especialista en un tema. El objetivo principal de una conferencia es informar, educar, entretener o persuadir a una audiencia sobre un tema específico. La intención comunicativa varía según el propósito de la conferencia.

Participantes:

- **Conferencista**: Es la persona que da la conferencia y tiene conocimiento sobre el tema.

- **Audiencia**: Son las personas que asisten a la conferencia para escuchar y aprender del conferencista.

Estructura:

Una conferencia generalmente sigue una estructura organizada para facilitar la comprensión de la audiencia. Esto puede incluir:

1. **Introducción**: El conferencista comienza presentándose y estableciendo el propósito de la conferencia.

2. **Desarrollo**: Se presentan los contenidos principales del tema. El conferencista proporciona información detallada, ejemplos y evidencia.

3. **Conclusiones**: Se resumen los puntos clave y se destaca la importancia de la información presentada.

4. **Preguntas y Respuestas**: La audiencia tiene la oportunidad de hacer preguntas y el conferencista responde.

Ejemplos:

Intención Comunicativa:

- Una conferencia sobre la historia de la música tiene la intención de educar a la audiencia sobre la evolución de la música a lo largo de los años.

- Una conferencia de motivación tiene la intención de inspirar a la audiencia y brindarles consejos para alcanzar sus metas.

Participantes:

- **Conferencista**: Un científico experto en astronomía.

- **Audiencia**: Estudiantes de secundaria interesados en el espacio.

Estructura:

- **Introducción**: El conferencista se presenta como un astrónomo y explica que hablará sobre los planetas del sistema solar.

- **Desarrollo**: El conferencista presenta información detallada sobre cada planeta, sus características y órbitas.

- **Conclusiones**: El conferencista resume los aspectos más destacados y enfatiza la importancia de explorar el espacio.

- **Preguntas y Respuestas**: Los estudiantes hacen preguntas sobre los planetas y el conferencista responde.

Ejercicios Propuestos

1. Imagina que eres un conferencista y elige un tema que te gustaría presentar en una conferencia. Luego, escribe un párrafo de introducción para tu conferencia, indicando tu intención comunicativa.

2. Practica tu capacidad de escucha. Escucha una conferencia en línea o en la televisión y toma notas sobre la estructura de la conferencia, incluyendo la introducción, desarrollo, conclusiones y preguntas y respuestas.

3. Lee la siguiente introducción de una conferencia: "Hoy hablaremos sobre la importancia de la conservación del medio ambiente". ¿Cuál crees que es la intención comunicativa de esta conferencia?

Solución a parte de los ejercicios propuestos

1. (Respuesta abierta) Ejemplo de introducción para una conferencia.

2. (Respuesta abierta) Observar y tomar notas sobre la estructura de una conferencia ayuda a comprender cómo se organizan y comunican las ideas.

3. La intención comunicativa de esta conferencia es **educar o informar** a la audiencia sobre la importancia de la conservación del medio ambiente.

13. PREPOSICIONES Y LOCUCIONES PREPOSICIONALES

Preposiciones:

Las preposiciones son palabras que se utilizan para mostrar la relación entre dos elementos en una oración: generalmente, el sustantivo (o pronombre) y otra parte de la oración. Las preposiciones indican dirección, ubicación, tiempo, relación, entre otros conceptos. Algunos ejemplos comunes de preposiciones son "en", "sobre", "bajo", "para", "después de" y "con".

Ejemplos de preposiciones

1. El gato está **en** la caja.

2. Caminé **sobre** el puente.

3. El libro está **bajo** la mesa.

Locuciones Preposicionales:

Las locuciones preposicionales son grupos de palabras que funcionan juntas como una preposición. Estas locuciones pueden ser más largas y expresivas. Ejemplos de locuciones preposicionales incluyen "a causa de", "debido a", "cerca de" y "en lugar de".

Ejemplos de locuciones preposicionales:

1. **A causa de** la lluvia, no fuimos al parque.

2. Prefiero el té **en lugar de** café.

3. **Cerca de** la escuela, hay un parque.

Ejercicios Propuestos

1. Identifica la preposición en las siguientes oraciones y subraya la palabra que actúa como preposición:

   a) El perro está **bajo** la mesa.

   b) Jugamos fútbol **en** el parque.

c) El libro está **sobre** el escritorio.

2. Completa las siguientes oraciones con la preposición adecuada:

   a) El niño saltó ______________ la caja.

   b) Vamos a nadar ______________ la piscina.

   c) El regalo está ______________ el árbol de Navidad.

3. Identifica la locución preposicional en la siguiente oración y subraya la locución preposicional:

   a) **Debido a** la tormenta, la luz se fue en la casa.

Solución a parte de los ejercicios propuestos

1.

   a) El perro está **bajo** la mesa.

   b) Jugamos fútbol **en** el parque.

   c) El libro está **sobre** el escritorio.

2.

   a) El niño saltó **sobre** la caja.

   b) Vamos a nadar **en** la piscina.

   c) El regalo está **bajo** el árbol de Navidad.

3.

a) **Debido a** la tormenta, la luz se fue en la casa. (Locución preposicional: "Debido a")

14. NORMAS DE CITACIÓN PARA REFERENCIAS BIBLIOGRÁFICAS

Cuando escribimos trabajos académicos o informes, es importante dar crédito a las fuentes de información que utilizamos. Esto se hace a través de las normas de citación. Las normas de citación son reglas que nos dicen cómo citar y dar crédito a los libros, artículos, sitios web y otras fuentes que consultamos. Las normas varían, pero aquí te mencionaré tres de las más comunes: APA, MLA y Vancouver.

1. **APA (American Psychological Association)**:

   - Ampliamente utilizado en psicología, educación y ciencias sociales.

   - Requiere una página de referencias al final del trabajo.

   - Ejemplo de citación APA para un libro: Autor, A. A. (Año de publicación). Título del libro. Editorial.

2. **MLA (Modern Language Association)**:

   - Comúnmente usado en humanidades y literatura.

   - Requiere una página de obras citadas al final del trabajo.

   - Ejemplo de citación MLA para un libro: Autor. Título del libro. Editorial, año de publicación.

3. **Vancouver**:

   - Utilizado en ciencias médicas y biológicas.

   - Utiliza números entre corchetes para las citas en el texto.

   - Ejemplo de citación Vancouver para un artículo de revista: Autor(es). Título del artículo. Nombre de la revista. Año; Volumen(Número): Páginas.

Ejemplos de Citación:

Citar este libro:

El libro mencionado es "Cómo Citar Correctamente" de Smith, J. y fue publicado en 2020 por la Editorial ABC.

1. **APA**:

  - Libro: Smith, J. (2020). Cómo Citar Correctamente. Editorial ABC.

  - Artículo de Revista: Brown, A. (2019). Investigación en Psicología. Revista de Psicología, 25(4), 345-360.

2. **MLA**:

  - Libro: Johnson, M. "Escritura Efectiva." Editorial XYZ, 2018.

  - Artículo de Revista: Davis, L. "El Arte de la Pintura." Revista de Arte Contemporáneo, vol. 7, no. 2, 2020, pp. 45-58.

3. **Vancouver**:

  - Artículo de Revista: [1] Smith J, Brown A. "Investigación sobre el Cáncer." Revista Médica, 2021;5(3):123-135.

  - Libro: [2] Johnson M. "Anatomía Humana." Editorial XYZ, 2019.

Ejercicios Propuestos

1. Imagina que estás escribiendo un informe sobre tu animal favorito. Encuentra información sobre ese animal en un libro o en línea y crea una cita en estilo APA para esa fuente.

2. Investiga en línea un artículo sobre un tema que te interese y crea una cita en estilo MLA.

3. Investiga un tema de salud en línea y crea una cita en estilo Vancouver para un artículo de revista médica.

Solución a parte de los ejercicios propuestos

1. (Respuesta abierta) Los estudiantes pueden buscar información sobre su animal favorito y crear una cita en estilo APA siguiendo las pautas proporcionadas.

2. (Respuesta abierta) Los estudiantes pueden buscar un artículo en línea y crear una cita en estilo MLA.

3. (Respuesta abierta) Los estudiantes pueden investigar un tema de salud en línea y crear una cita en estilo Vancouver para un artículo de revista médica siguiendo las pautas proporcionadas.

15. LA LEYENDA: CONCEPTO Y CARACTERÍSTICAS

Teoría

Las leyendas son historias especiales que se cuentan de generación en generación. Estas historias suelen tener un elemento de misterio, magia o aventura que las hace emocionantes de escuchar. Las leyendas a menudo se relacionan con lugares específicos o eventos históricos y a menudo incluyen personajes o criaturas fantásticas.

Características:

1. **Héroes o Personajes Especiales**: Las leyendas suelen tener héroes o personajes especiales que enfrentan desafíos emocionantes.

2. **Criaturas o Elementos Mágicos**: A menudo incluyen criaturas mágicas, objetos encantados o lugares misteriosos que agregan emoción a la historia.

3. **Transmitidas Oralmente**: Las leyendas se transmiten de boca en boca de una generación a otra, lo que las hace parte de la tradición oral.

Ejemplos

1. **La Leyenda de Robin Hood**: Robin Hood es un héroe legendario que robaba a los ricos para darle a los pobres en el bosque de Sherwood. Esta leyenda incluye aventuras emocionantes, arcos y flechas, y un grupo de amigos leales.

2. **La Leyenda de la Llorona**: En algunas culturas, se cuenta la historia de una mujer fantasmal que llora por sus hijos perdidos. Esta leyenda tiene un toque misterioso y asustadizo.

3. **La Leyenda del Unicornio**: Los unicornios son criaturas mágicas con cuernos en la frente. Se dice que solo los corazones puros pueden verlos. Esta leyenda incluye elementos mágicos y de fantasía.

Ejercicios Propuestos

1. Inventa tu propia leyenda. Crea una historia emocionante que incluya un héroe o personaje especial, un desafío importante y algo misterioso o mágico.

2. Escoge una leyenda famosa y escribe un resumen de la historia. Luego, comparte el resumen con un amigo o familiar.

3. Dibuja una escena de una leyenda que te guste. Asegúrate de incluir los personajes y elementos mágicos que hacen que la historia sea especial.

Solución a parte de los ejercicios propuestos

1. (Respuesta abierta) Los estudiantes pueden crear su propia leyenda siguiendo las características mencionadas, como un héroe, un desafío y elementos mágicos o misteriosos.

2. (Respuesta abierta) Los estudiantes pueden resumir una leyenda conocida, como la de Robin Hood, y compartirla con otros.

3. (Respuesta abierta) Los estudiantes pueden dibujar una escena de una leyenda que les guste, incorporando los elementos clave de la historia. Por ejemplo, si eligen la leyenda del Unicornio, podrían dibujar un unicornio en un bosque encantado.

16. USO CORRECTO DE LA COMA.

Teoría:

La coma es un signo de puntuación que se utiliza en la escritura para separar elementos en una oración y hacer que el texto sea más claro. Aquí tienes algunas reglas básicas para el uso correcto de la coma:

1. **Separar elementos de una lista**: Usamos comas para separar elementos en una lista. Por ejemplo, "Me gusta el fútbol, el baloncesto y el béisbol."

2. **Separar cláusulas**: Si tienes dos partes en una oración, puedes usar una coma para separarlas. Por ejemplo, "Jugué al fútbol, y mi hermana jugó al baloncesto."

3. **Añadir información adicional**: Si quieres añadir información adicional que no es esencial para la oración, puedes usar comas. Por ejemplo, "Mi hermano, que es muy alto, juega al baloncesto."

Ejemplos

1. **Separar elementos de una lista**:

   - Tengo perros, gatos y pájaros como mascotas.

2. **Separar cláusulas**:

   - Salí temprano de casa, pero llegué tarde a la escuela.

3. **Añadir información adicional**:

   - Mi mejor amigo, que es muy inteligente, me ayudó con las matemáticas.

Ejercicios Propuestos

1. Escribe una oración que contenga una lista de tus comidas favoritas y usa comas para separar los elementos.

2. Escribe una oración con dos partes y usa una coma para separarlas.

3. Crea una oración que incluya información adicional sobre tu película favorita usando comas.

4. Escribe una oración con una lista de tus pasatiempos y usa comas para separarlos.

5. Escribe una oración sobre un animal y añade información adicional usando comas.

Solución a parte de los ejercicios propuestos

1. Oración de ejemplo: "Me encanta la pizza, las hamburguesas y las papas fritas."

2. Oración de ejemplo: "Hice mi tarea, pero olvidé llevarla a la escuela."

3. Oración de ejemplo: "Mi película favorita, que es de ciencia ficción, tiene muchos efectos especiales."

4. Oración de ejemplo: "Mis pasatiempos son nadar, dibujar y tocar la guitarra."

5. Oración de ejemplo: "El león, el rey de la selva, tiene una melena majestuosa."

17. RIMA: CONCEPTO, CARACTERÍSTICAS Y CLASIFICACIÓN

Teoría:

La rima es una herramienta en la poesía que hace que las palabras tengan un sonido similar al final de los versos. Puede darle ritmo y musicalidad a un poema. Las rimas pueden ser consonantes, cuando coinciden las consonantes y las vocales, o asonantes, cuando solo coinciden las vocales.

Características:

1. **Consonante y Asonante**: Las rimas pueden ser consonantes, cuando coinciden las consonantes y las vocales al final de las palabras, o asonantes, cuando solo coinciden las vocales.

2. **Ritmo y Musicalidad**: La rima a menudo se usa para darle ritmo y musicalidad a un poema.

3. **Ejemplos Poéticos**: Las rimas se utilizan en poesía para crear efectos líricos y expresivos.

Clasificación:

1. **Rima Consonante**: Las consonantes y las vocales coinciden al final de las palabras. Por ejemplo, "casa" y "rata".

2. **Rima Asonante**: Solo las vocales coinciden al final de las palabras. Por ejemplo, "rojo" y "sueño".

3. **Rima Continua**: La repetición del mismo sonido se da en versos consecutivos.

Ejemplos

1. **Rima Consonante**:

   - En la casa del sol, el niño se divirtió.

   - Saltando en el río, encontró un sombrero frío.

2. **Rima Asonante**:

   - Amarillo y sencillo, pinto un circo amigable.

   - El río serpentea entre cañas y pececillos.

Ejercicios Propuestos

1. Escribe dos frases que tengan una rima consonante al final de las palabras.

2. Crea una breve poesía que incluya una rima asonante.

3. Lee un poema y destaca las palabras que riman, identificando si la rima es consonante o asonante.

4. Escoge una de tus canciones favoritas y encuentra una rima en la letra.

5. Inventa un poema sencillo sobre tu día a día, asegurándote de usar al menos una rima consonante.

Solución a parte de los ejercicios propuestos

1. (Respuesta abierta) Los estudiantes pueden crear dos frases con rimas consonantes, como "El gato saltó y encontró un plato" o "La flor es bella y brilla en la huella".

2. (Respuesta abierta) Los estudiantes pueden escribir una breve poesía que incluya una rima asonante. Por ejemplo, "En el río tranquilo, paseo con estilo".

3. (Respuesta abierta) Los estudiantes pueden leer un poema y destacar las palabras que riman, indicando si la rima es consonante o asonante.

4. (Respuesta abierta) Los estudiantes pueden identificar una rima en la letra de su canción favorita.

5. (Respuesta abierta) Los estudiantes pueden inventar un poema sobre su día a día con al menos una rima consonante, como "En la escuela, con mi abuela, aprendo y juego bajo el cielo azul".

18. LA BIOGRAFÍA: INTENCIÓN COMUNICATIVA Y ESTRUCTURA

Teoría:

Una biografía es un tipo de texto que cuenta la historia de la vida de una persona. La intención comunicativa de una biografía es informar y entretener al lector al relatar la vida, logros y experiencias de la persona. Las biografías pueden ser sobre personas famosas, líderes históricos, celebridades o incluso personas comunes que han tenido vidas interesantes.

Estructura:

Las biografías suelen seguir una estructura similar:

Introducción: Presenta al personaje principal y proporciona una visión general de su vida.

Cuerpo: Narra la vida de la persona en orden cronológico o a través de episodios significativos.

Conclusión: Resume la vida de la persona y destaca sus logros o legado.

Ejemplos:

Biografía de Albert Einstein:

Introducción: Albert Einstein fue un famoso científico que revolucionó la física.

Cuerpo: Narra su vida, desde su infancia en Alemania hasta su trabajo en la teoría de la relatividad.

Conclusión: Destaca su impacto en la ciencia y su fama mundial.

Biografía de Amelia Earhart:

Introducción: Amelia Earhart fue una valiente aviadora que desafió las expectativas de su época.

Cuerpo: Relata sus hazañas en la aviación y su desaparición en un vuelo alrededor del mundo.

Conclusión: Menciona su influencia en la historia de la aviación y su misteriosa desaparición.

Ejercicios Propuestos

Elige a una persona que admires, ya sea un famoso científico, artista o atleta, y escribe una introducción para una biografía imaginaria sobre esa persona.

Crea una estructura para una biografía, dividiéndola en introducción, cuerpo y conclusión, sobre un personaje histórico que te interese.

Escribe el primer párrafo del cuerpo de una biografía sobre un explorador que haya hecho descubrimientos importantes en la historia.

Completa el cuerpo de una biografía sobre un líder político, incluyendo detalles de su vida y logros.

Imagina una conclusión para la biografía de un inventor que haya creado inventos útiles y describe su impacto en la sociedad.

Solución a parte de los ejercicios propuestos

(Respuesta abierta) Los estudiantes pueden elegir a una persona que admiren y escribir una introducción imaginaria para una biografía sobre esa persona.

(Respuesta abierta) Los estudiantes pueden crear una estructura para una biografía sobre un personaje histórico, dividiéndola en introducción, cuerpo y conclusión.

(Respuesta abierta) Los estudiantes pueden escribir el primer párrafo del cuerpo de una biografía sobre un explorador famoso.

(Respuesta abierta) Los estudiantes pueden completar el cuerpo de una biografía sobre un líder político, incluyendo detalles de su vida y logros.

(Respuesta abierta) Los estudiantes pueden imaginar una conclusión para la biografía de un inventor y describir su impacto en la sociedad.

19. PREFIJOS Y SUFIJOS

Teoría:

Los prefijos y sufijos son pequeñas partes de las palabras que se añaden al principio (prefijos) o al final (sufijos) de una palabra para cambiar su significado. Son como piezas de rompecabezas que se unen a las palabras para darles un nuevo sentido. Los prefijos suelen cambiar el significado de una palabra, mientras que los sufijos suelen cambiar su función gramatical.

Ejemplos:

Prefijos:

"Des-" es un prefijo que indica negación o inversión. Por ejemplo, "deshacer" significa deshacer algo que ya se hizo.

"Re-" es un prefijo que indica repetición o volver a hacer algo. Por ejemplo, "revisar" significa revisar algo de nuevo.

Sufijos:

"-ción" es un sufijo que convierte un verbo en un sustantivo. Por ejemplo, "celebrar" se convierte en "celebración".

"-ito" es un sufijo que indica diminutivo. Por ejemplo, "gatito" significa un gato pequeño.

Ejercicios Propuestos:

Agrega un prefijo a la palabra "feliz" para cambiar su significado y forma una nueva palabra.

Agrega un sufijo a la palabra "jugar" para convertirla en un sustantivo.

Toma la palabra "rápido" y agrega un prefijo que indique incremento de rapidez.

Toma la palabra "niño" y agrega un sufijo que indique cariño o afecto.

Elige una palabra que te guste y agrega tanto un prefijo como un sufijo para ver cómo cambia su significado.

Solución a parte de los ejercicios propuestos:

"Infeliz" - Al agregar el prefijo "in-" (que indica negación) a "feliz", cambiamos su significado a "no feliz".

"Juego" - Al agregar el sufijo "-o", convertimos el verbo "jugar" en un sustantivo.

Rápido" - Al agregar el prefijo "ultra-" a "rápido", cambiamos su significado a "ultrarrápido", lo que significa extremadamente rápido o más rápido de lo norma

"Niñito" - Al agregar el sufijo "-ito", indicamos cariño o afecto a la palabra "niño".

(Respuesta abierta) Los estudiantes pueden elegir una palabra y agregar un prefijo y un sufijo para explorar cómo cambia su significado. Por ejemplo, "comer" + "des-" + "-ción" = "descomer" (lo opuesto de comer) y "descomida" (la acción de descomer).

20. ABREVIATURAS: CONCEPTO, EJEMPLOS Y EJERCICIOS

Teoría:

Las abreviaturas son una forma de escribir palabras de manera más corta. Se utilizan para simplificar la escritura y hacer que el texto sea más rápido de leer. Las abreviaturas se crean tomando las letras iniciales de una palabra o una frase y escribiéndolas de manera abreviada.

Ejemplos:

1. **Abreviaturas de palabras**:

   - "Prof." en lugar de "Profesor".

   - "Ave." en lugar de "Avenida".

   - "Dr." en lugar de "Doctor".

2. **Abreviaturas de frases comunes**:

   - "etc." en lugar de "etcétera".

   - "Ud." en lugar de "Usted".

   - "Núm." en lugar de "Número".

Ejercicios Propuestos:

1. Escribe la abreviatura correcta para las siguientes palabras: "Doctor", "Calle", "Kilogramo".

2. Convierte las siguientes frases en abreviaturas: "por ejemplo", "y otros", "con respecto a".

3. Crea una lista de abreviaturas comunes

4. Escribe una oración sobre una cita médica usando la abreviatura "Dr." para "Doctor".

5. Convierte una dirección completa, como "Calle de la Rosa, Número 123, Ciudad" en una abreviatura.

Solución a parte de los ejercicios propuestos:

1. "Dr.", "Calle", "Kg."

2. "p. ej.", "y otros", "c/r a"

3. Crea una lista de abreviaturas comunes:

Dr.: Doctor

Sta.: Señorita

Prof.: Profesor

km: Kilómetro

min: Minuto

kg: Kilogramo

cm: Centímetro

g: Gramo

m: Metro

N.º: Número

tel.: Teléfono

TV: Televisión

4. (Respuesta abierta) Los estudiantes pueden escribir una oración sobre una cita médica usando "Dr." como abreviatura de "Doctor".

5. (Respuesta abierta) Los estudiantes pueden intentar abreviar una dirección completa según lo que hayan aprendido sobre abreviaturas. Por ejemplo, "C/ de la Rosa, N° 123, Ciudad" podría abreviarse como "C/ de la Rosa, N° 123, Ciudad".

114

INGLÉS

1. **Personal Pronouns (Pronombres personales)**:

Los pronombres personales son palabras que usamos en lugar de nombres para hablar de personas o cosas. Los más comunes en inglés son:

- I (yo)

- You (tú)

- He (él)

- She (ella)

- It (eso)

- We (nosotros)

- They (ellos)

2. **Present Simple (Presente simple)**:

El presente simple se usa para hablar de cosas que ocurren regularmente o son siempre verdad. Por ejemplo:

- I play soccer on weekends. (Juego fútbol los fines de semana)

- The sun rises in the east. (El sol sale por el este)

3. **Past Simple (Pasado simple)**:

El pasado simple se usa para hablar de cosas que ocurrieron en el pasado y ya terminaron. Por ejemplo:

- I visited my grandma last week. (Visité a mi abuela la semana pasada)

- They played a great game yesterday. (Ellos jugaron un gran partido ayer)

4. **Irregular Verbs (Verbos irregulares)**:

Los verbos irregulares son verbos que no siguen las reglas normales para formar el pasado. Por ejemplo:

- Go (ir) - went (fui)

- Eat (comer) - ate (comí)

- Have (tener) - had (tuve)

5. **Present Progressive (Presente progresivo)**:

El presente progresivo se usa para hablar de cosas que están ocurriendo ahora mismo. Se forma con "am/is/are" + verbo con -ing. Por ejemplo:

- I am reading a book. (Estoy leyendo un libro)

- They are playing soccer. (Ellos están jugando fútbol)

6. **Past Progressive (Pasado progresivo)**:

El pasado progresivo se usa para hablar de cosas que estaban ocurriendo en un momento específico del pasado. Se forma con "was/were" + verbo con -ing. Por ejemplo:

- I was watching TV when you called. (Estaba viendo televisión cuando llamaste)

- They were playing soccer all afternoon. (Ellos estuvieron jugando fútbol toda la tarde)

7. **Wh- Questions (Preguntas con Wh-)**:

Las preguntas con Wh- son preguntas que empiezan con palabras como Who, What, Where, When, Why, y How. Por ejemplo:

- What are you doing? (¿Qué estás haciendo?)

- Where do you live? (¿Dónde vives?)

- Why are you sad? (¿Por qué estás triste?)

8. **Modal Verbs (Verbos modales)**:

Los verbos modales son verbos especiales que usamos para hablar de habilidades, posibilidades, permisos, y obligaciones. Algunos ejemplos son:

- Can (poder): I can swim. (Puedo nadar)

- Must (deber): You must do your homework. (Debes hacer tu tarea)

- May (poder): May I go to the bathroom? (¿Puedo ir al baño?)

WRITING SECTION

9. **Make a Paragraph (Escribir un párrafo)**:

Un párrafo es un grupo de oraciones que hablan sobre una misma idea. Por ejemplo:

"My favorite animal is the dog. Dogs are very friendly and loyal. They like to play and can be trained to do many tricks. I have a dog named Max, and he is my best friend."

READING SECTION

10. Lee esto en voz alta:

¡Claro! Aquí tienes algunas rimas en inglés con sus traducciones al español:

Rhyme 1
English:
I see a bee in the tree,
Buzzing happily, just like me.

Español:
Veo una abeja en el árbol,
Zumbando feliz, igual que yo.

Rhyme 2
English:
The cat sat on a mat,
With a little, friendly rat.

Español:

El gato se sentó en una alfombra,

Con una pequeña y amistosa rata.

Rhyme 3

English:

Stars shine bright in the night,

Filling the sky with their light.

Español:

Las estrellas brillan en la noche,

Llenando el cielo con su luz.

Rhyme 4

English:

Balloons fly up to the sky,

Waving us a sweet goodbye.

Español:

Los globos vuelan hacia el cielo,

Diciéndonos adiós con un gesto bello.

Rhyme 5

English:

A fish swims in the sea,

Happy and wild, just like me.

Español:

Un pez nada en el mar,

Feliz y libre, igual que yo.

LISTENING SECTION

11. **Escucha la canción en el canal de YOUTUBE de EDLT PUBLICATIONS.

Entra al siguiente link:

https://youtu.be/qVWSXwx-FWU?si=BFUzpW4yWGYpUidW

O busca en YOUTUBE el siguiente video:

Listen & sing - English exercise- Libro: De un Estudiante para Estudiantes (2024) (Jacob De Latorre)

Si Usted ha llegado hasta aquí, le damos las gracias

Chevallier Champollion Publishing

Escríbenos a: EDLT PUBLICATIONS

publicationsandcompany@gmail.com

Editorial
Chevalier Champollion Publishing
PUBLICATIONS AND COMPANY

Public.0

De un Estudiante para Estudiantes:

Temarios resueltos de Matemáticas, Lenguaje e Inglés

(Edad: 11-12 años)

ACERCA DEL LIBRO

"De un Estudiante para Estudiantes" es una obra creada por el joven autor Jacob De Latorre Paredes a la edad de 11 años. Este libro es el resultado de su dedicación y esfuerzo al resolver los temas de examen de ingreso a una institución educativa en Ecuador.

Supervisado por sus padres, ambos profesionales en ciencias químicas y farmacéuticas, Jacob ha compilado un texto claro y conciso que cubre las materias de Matemáticas, Lenguaje e Inglés, dirigido a estudiantes de 11 a 12 años.

El libro proporciona explicaciones detalladas y resueltas de manera accesible, haciendo que los temas complejos sean fáciles de entender para su audiencia.

Agradecemos a quienes adquieran este texto y esperamos que sea una herramienta útil en su aprendizaje.

<<Espero que encuentres útil la información y que te ayude en tus estudios. Este es mi primer libro y estoy emocionado por compartirlo contigo. Con el apoyo de mis padres y un trabajo editorial cuidadoso, hemos hecho todo lo posible para que el contenido sea claro y preciso>>

-El Autor-